此书系国家社科基金重大项目“岭南动植物农产史料集成汇考与综合研究”(16ZDA123)的阶段性成果。

民国农业调查报告辑刊 5

（广东卷·第一辑）

倪根金
陈志国 / 编

世界图书出版公司
广州·上海·西安·北京

图书在版编目（CIP）数据

民国农业调查报告辑刊（第一辑）/ 倪根金，陈志国编 . -- 广州：世界图书出版广东有限公司，2018.12

ISBN 978-7-5192-5364-6

Ⅰ . ①民… Ⅱ . ①倪…②陈… Ⅲ . ①地方农业经济—调查报告—广东—民国 Ⅳ . ① F329.65

中国版本图书馆 CIP 数据核字（2018）第 284943 号

书　　名　民国农业调查报告辑刊（第一辑）
　　　　　MINGUO NONGYE DIAOCHA BAOGAO JIKAN (DIYIJI)
编　　者　倪根金　陈志国
责任编辑　程　静
装帧设计　苏　婷
责任技编　刘上锦
出版发行　世界图书出版广东有限公司
地　　址　广州市新港西路大江冲 25 号
邮　　编　510300
电　　话　020-84451969　84453623　84184026　84459579
网　　址　http：//www.gdst.com.cn
邮　　箱　wpc_gdst@163.com
经　　销　各地新华书店
印　　刷　广州大洋图文数码快印有限公司
开　　本　787mm × 1092mm　1/16
印　　张　161.25
字　　数　2510 千字
版　　次　2018 年 12 月第 1 版　2018 年 12 月第 1 次印刷
国际书号　ISBN　978-7-5192-5364-6
定　　价　980.00 元（全 6 册）

咨询、投稿：020-84451258　gdstchj@126.com

目　录

综合编·甲　县域以上调查

综合编·乙　县域调查

综合编·丙 县域以下调查

县域以下调查

综合编·丙

舊鳳凰村調查報告

伍銳麟　　黃恩憐

引　言

A.調查經過——嶺南社會研究所，自去年完成沙南蛋民調查後，繼續有廣州市河南舊鳳凰村調查及西北江蛋民調查等。舊鳳凰調查，舉行於一九三三年秋至一九三四年秋，現亦已告一段落。各項事實有下面詳細報告；至于工作人員則除本所會員及社會學系學生外，尚有多位幫忙過。我們不能不向他們致謝。他們的工作可分爲三項：

1 人口調查——這個調查，曾由番禺縣政府于民國廿二年七月在鳳凰村舉行過；所以我們間接從縣政府處取得材料，而加以統計及整理。這種工作就是由余鹿莊，陳蕙縝，馬紈素，劉懷志，盧子奮，及李耕賜君等担任的

2 家庭經濟調查——這種調查，可說是最困難的，因爲中國人素來不喜歡把自己的家庭經濟狀況告訴別人，有錢的恐怕給人家知道了會去搶刧，貧乏的又恐怕給人家看低。除非和他們有密切的關係，才可知其大概。爲着這個緣故，幫忙我們工作的周沛霖君和盧子駿君，須一面在鳳嶺小學担任教學，和學生及他們的家長等接觸，一方面則從事于家庭經濟調查。

3 社會調查——這項調查，多由選讀農村社會學的學生分組担任調查，担任社會組織的有鄒鴻操君及梁錫輝君，担任教育的有梁嘉

蘭小姐，担任娛樂的有劉桂灼君。此外担任婚姻的有李秋蓉小姐，經濟概況的有陳逸光君，衛生的有郭鳳律小姐（博濟分院護士）及馮樂君，時節及歌謠的有馮樂君。

B. 調查方法——我們所用的調查方法有表格式及訪問式兩種，略述于后：

1 表格式 ——這種調查方法乃由調查員向村民發問，然後代爲填表。表格式的人口調查，表內有項目多種：如姓名，家中位置，性別，年齡，教育程度，職業及婚姻狀況等。表格式的家庭經濟調查有三種：

a. 收入組——表內列有農產，傭工，手工等項目，以便被調查者依實情填寫。

b.各種生產費——表內列有長工，短工，田租，肥料，種子，農具等項目。

c.日常費用——表內列有伙食，燃料，房屋，衣服，教育，應酬，衛生，宗教，稅捐，娛樂，嗜好，家庭雜用等項目。

2.訪問式——這種調查方法，乃由担任工作的人員，用談話式的口吻向被調查者詢及各種事情，同時要表出極誠懇和同情的態度，使被調查者有信託的心。

C.鳳凰村的特點——鳳凰村與普通鄉村有數點不同之處，茲舉數項以告讀者。

1.關于人口的

a. 調查二百家中，共有三十六個不同的姓氏。以這小小的村落，而有這許多姓氏，似乎是奇特的情形。普通中國的村鄉，很多只有一兩姓的，縱或有別姓，但數目沒有這麽大。或許因爲鳳凰村村民遷到外面去的多，而從外面遷來的人也不少（這些都是在嶺南大學或附近地方工作的，爲着便利起見，暫時寄居於此），由此可以証明鳳凰村的窮困，逼着村民向外發展；同時又可見他們家族團結力的薄弱。

b. 鳳凰村人口，在此數十年來不獨無增加之可能，且有減少的趨勢。雖然增加些少外來的人，但居民之遷往別處的甚多。家庭人口以二人的居多，三人的次之，總平均每家有三·七四人，比其他農村較少。

c. 二百家中，獨居的共二十家，佔全家庭數十分之一。女子獨居的佔十四，多是寡婦，男子獨居的六，多是鰥夫。至于小家庭則佔百分之六十。此外性別方面，女(三八〇)多于男(三六八)，亦可証明此村是貧困的，所以男子多出外謀生。合計幼年與老年佔全數百分之五十，少年與壯年亦佔百分之五十。

2. 關于經濟的

a. 以整個鳳凰村爲單位，商業及其他(指農工以外)收入居第一位，雇工收入居第二位，農產收入居第三位。此可証明鳳凰村是由農村社會而變爲城市化了，即是說此村已成爲廣州市的附庸無疑。

b. 全村二百家有田不過五十畝，除了自耕農七人外，其餘佃農六十九人，雇農二十四人，通通是耕別人田的。農村破產可見一斑。此外工商及其他職業的共計一百五十三人。

3. 關于社會建設

a. 鄉公所附屬機關如人口調查辦事處是暫時設立以協助番禺縣政府的，調查完竣即行解散；警衛隊無甚實力可言；鳳嶺小學乃嶺南大學鄉村服務協進會創辦及維持的。鳳凰村本身對于這個機關實在沒有幫忙過。

b. 其他機關及建設如婦女職業合作社，幼稚園，民衆治療所等，亦是外人辦的。

工氏族及人口

舊鳳凰村二百家的姓氏　（第一表）

宗族觀念在中國任何一個村落中，都是深深地保留着。舊鳳凰是一個村落。當然不是例外了。村人有傳統的思想，同姓的往往住在一處地方。假如你到那裡去逛逛，便覺得他們無形中把地域分別得很清楚，大的姓有二百多人，都是有相連關係的。他們很團結，尤其是在發生糾紛的時候。比方張三和李四爭鬥，兩家的族人必立即起來對抗，不問是非曲直。從前常有械鬥的事情發生，但近年來，這種舉動已不多見了。

在這個小小的村落裡，戶口不過二百，人口只七百四十八。然而找出三十六個不同的姓氏來。那就是吳，周，黃，林，練，馮，李，陳，徐，梁，劉，何，曾，姚，趙，葉，蕭，區，鍾，溫，陸，范，江，杜，謝，原，賴，高，聶，羅，董，許，盧，車，麥，張等。中以吳，周，黃，林，爲最大姓。吳姓二百一十八人，佔全數百分之二八。〇七；周姓九十四人，佔全數百分之一二。五七；黃林二姓各七十九人，佔全數百分之一〇。五六；其餘各姓佔數甚少。因很多是從別處遷到這裡來的。吳姓在村中既然佔數最多，他們的勢力也最大，重要的位置都給他們佔領了。

舊鳳凰村二百家的姓氏

（第一表）

姓氏	戶口數目	人數	百分比
吳	54	210	28.07
周	25	94	12.57
黃	22	79	10.56
林	17	79	10.56
練	8	38	5.08
馮	10	34	4.55
李	7	29	3.89
陳	8	27	3.61
徐	4	18	2.41
梁	6	16	2.14
劉	5	14	1.87
何	3	13	1.74
曾	3	13	1.74
姚	3	7	.93
趙	1	7	.93
葉	1	6	.80
蕭	1	5	.67
區	2	5	.67
鍾	2	5	.67

温	1	5	.67
陸	1	5	.67
范	1	4	.53
江	1	4	.53
杜	1	4	.53
謝	1	4	.53
原	1	3	.40
賴	1	3	.40
高	1	3	.40
聶	1	2	.27
羅	1	2	.27
董	1	2	.27
許	1	2	.27
盧	1	2	.27
車	2	2	.27
麥	1	1	.13
張	1	1	.13
總　　數	200	748	100.00

家庭人口數目　　（第二表）

在鳳凰村的二百家裡，我們找出各個家庭有不同的人口數目，其中以每家二人的家庭佔數最多，共五十一家，佔全人口數百分之一三·六四；其次爲每家四人的，共三十四家，佔全人口數百分之一八·一八。最少人數的家庭只有一人，共二十家，佔全人口數百分之二·六七。最大的家庭有十二人，只有一家，佔全人口數百分之一·六〇。此外有每家三人，五人，六人，七人，八人，九人，十人或十一人的不等，不過平均起來，每家人口只三·七四人。那麼一家之中夫婦而外，就是兩個子女吧。

家庭人口數目

（第二表）

每家人口數目	每類家庭數目	人口總數	百分比
1	20	20	2.67
2	51	102	13.64
3	33	99	13.24
4	34	136	18.18
5	22	110	14.71
6	20	120	16.04
7	12	84	11.23
8	1	8	1.07
9	4	36	4.81
10	1	10	1.34
11	1	11	1.47
12	1	12	1.60
總數	200	748	100.00

家庭形式 （第三表）

上面已經把家庭人口的數目說出，現在再把家庭的形式分述在下。根據調查所得，可以把牠分爲獨居，小家庭，和大家庭三大類。小家庭之下可分爲四小類，大家庭之下又可分爲四小類。現將每類畧加解釋：

（1）獨居——這是指一般無父母妻子的壯年男子或成年而不出嫁的女子，和老年而與子孫分居的孤獨者而言。他們都是獨自一人居住的，在舊鳳凰村男子獨居的家庭有六，女子獨居的家庭十四，合計二十，爲全數百分之一十。

（2）小家庭——從二百個家庭中，我們找出一百二十一個小家庭。計佔全數百分之六〇·五。內分爲四類。

（a）夫婦與子女——這是指一般家庭中有夫婦二人而且已有子女的。這樣的家庭，共有七十一個。佔總數百分之三五·五。

（b）夫婦——這是指一般已婚的男女，沒有子女同居的，這樣的家庭，共三十六個，佔總數百分之一八。

（c）父與子女——這是指一般鰥夫而有子女同居的，這樣的家庭，只有兩個，佔總數百分之一。

（d）母與子女——這是指一般寡婦而有子女同居的，這樣的家庭，共十二家，佔總數百分之六。

由此看來，則小家庭中，以夫婦與子女同居的佔數最多。其次是夫婦同居，再其次是母與子女同居·父與子女同居的爲數甚少。由這裡可以得到兩個結論：第一個結論是大凡失偶的男子，很少孤獨地和子女同居一生。他們多是再婚的，除非經濟能力不許可他們這樣做·但失偶的女子，許多不願意再嫁·他們寧可一生守寡，與子女同居度日；所以寡婦和子女同居的家庭，隨處可見。第二個結論是，在鳳凰村裏寡婦的數目比鰥夫多。一方面的解釋是夫的年齡往往比妻的大，所以夫死了妻還生存着；別方面的解釋是男子在外工作，遇險的機會較多；因此壽命比女子短。

(3)大家庭——這是指一般有兩代以上同居的家庭而言。在鳳凰村裏，大家庭的數目是五十九，佔總數百分之二九·五，內分四類。

(a)兩代同居——這類家庭，除夫婦與未婚子女外，尙有已婚的子媳同居·同居的原因，大概是年輕的兒子還沒有經濟獨立的能力，而年輕的媳婦還未有治家的經驗，所以他們有暫時跟父母同居的必要，這類家庭共二十四個，佔總數百分之十二。

(b)三代同居——除夫婦子媳外尙有孫和孫媳的三代同居家庭，共計二十三家，佔總數百分之一一·五〇。

(c)四代同居——這是指一般除夫婦子媳孫及孫媳外還有翁姑同居的家庭而言，這種家庭，在鳳凰村裡只有兩個，佔總數百分之一。

(d)其他——這是指一般除了家中直系主要分子外還有其他親屬如嬸姆，叔伯，兄弟和姊妹等同居同食的。這樣的家庭共有十個，佔總數百分之五。

根據上面的分析，獨居的家庭佔百分之一十，小家庭佔百分之六〇·五，大家庭佔百分之二九·五。由此可知鳳凰村的家庭形式，以小家庭爲主位。

家庭的形式

（第三表）

家庭種類		每類家庭數目	百分比
獨居	男	6	3.00
	女	14	7.00
小家庭	夫婦與子女	71	35.50
	夫婦	36	18.00
	父與子女	2	1.00
	母與子女	12	6.00
大家庭	兩代同居	24	12.00
	三代同居	23	11.50
	四代同居	2	1.00
	其他	10	5.00
	總數	200	100.00

家長同居親屬數目及百分比（第四表）

家族觀念在中國舊式社會裏已深深的種下了根源。一個無依的人，在不得已的時候，到他的親戚的家裏過活，是一件極普通的事情。在鳳凰村我們找到不少這樣的情形，二百個家庭中，除妻和子女外，與家長同居的親屬共有十九類。然種類雖多，其數目則不甚大，（參看第四表）。因爲這裡的居民除却老年和幼年，無能爲力者外，不論男女皆勤於工作；人人都可以謀自己的經濟獨立。

全村人口七百四十八人中，佔數最多的是男家主，共一百七十一人，即佔全人口數百分之二二。八六。其次是子，共一百六十二人，即百分之二一。六六。再其次是妻，一百四十七人，即百分之一九。六五。再其次是女，一百三十三人，即百分之一七。七八。全村有女家主二十九人，佔人口總數百分之三。八八。至于其他的親屬，合計起來亦不過一百零六人，佔人口總數百分之一四。一七。各類親屬中，佔全數最大的是母。她們都是寡婦，共二十九人，佔百分之三。八八。其他各類親屬佔數很少。

二百家庭中，有二十九家是女子主持的。這些主持家務的女家主，已經死了丈夫，於是自己領導着子女和媳婦維持家計，由此可見舊鳳凰婦女的自立能力，是很高強的，比內地的婦女或許勝一籌，但比之和她們相隔不遠的沙南婦女則似乎遜一點哩，根據去年嶺南社會研究所舉行的沙南蛋民調查的結果，在一百三十九個家庭中，有三十家是由女家主主持的。

這裡有點事情是值得注意的就是貧窮的鳳凰村也有三個納妾的家庭。其數目雖不大，但一個貧苦的村鄉也染上了這個風俗。這確可以証明納妾的制度在中國社會裡是極普遍的了。

家長同居親屬數目及百分比 （第四表）

家長同居之親屬	人數	百分比
男家主	171	22.86
女家主	29	3.88
妻	147	19.65
子	162	21.66
女	133	17.78
其他：	106	14.17
祖父	(1)	(.13)
祖母	(1)	(.13)
岳母	(2)	(.26)
義母	(1)	(.13)
父	(6)	(.81)
母	(29)	(3.88)
伯	(1)	(.13)
姨	(1)	(.13)
妾	(3)	(.40)
弟	(19)	(2.57)
妹	(8)	(1.07)
媳	(12)	(1.61)
養女	(1)	(.13)
弟婦	(1)	(.13)
姪女	(1)	(.13)
男孫	(8)	(1.07)
女孫	(8)	(1.07)
女朋友	(2)	(.26)
女傭工	(1)	(.13)
總數	748	100.00

居民性别和年齡的分配(第五，六，七表)

(1)性別的分配——根據調查所得的人口數目，可把牠分爲男性與女性兩種。在村鄉中男子的數目，往往比女子少；爲的是男子有離鄉別井跑到別鄉或附近城市謀生的，而女子則多留在家裏工作和養育兒女，舊鳳凰村就免不了這個情形；所以七百四十八個人口中，男性的只有三百六十八人，佔全數百分之四九·二〇，而女性則有三百八十人，佔全數百分之五〇·八〇。

再從家庭中男女性的家庭份子及親屬看來，男的祇有男家主，祖父，父，伯，子，弟，男孫等七種；女的則有女家主，祖母，母，岳母，義母，姨，妾，妻，妹，媳，女，養女，弟婦，姪女，女孫，女朋友，女傭等十七種。(參看第五表)。大概女性中之沒有能力自立的多依附親屬的家庭過活着，男子則比較少一點；爲的是失偶的男子多續娶，再組織新家庭，但女子則很少再嫁，所以不能不寄人籬下。况且中國的風俗，對于孤寡的女子，做親屬的有應盡供養的責任；因此依附親屬的女比男多。

居民性別的分配 (第五表)

男性的	數目	女性的	數目
男家主	171	女家主	29
祖父	1	祖母	1
父	6	母	29
伯	1	岳母	2
子	162	義母	1
弟	19	姨	1
男孫	8	妾	3
		妻	147
		妹	8
		媳	12
		女	133
		養女	1
		弟婦	1
		姪女	1
		孫女	8
		女朋友	2
		女傭	1
男性總數	368	女性總數	380

男性人口佔全人口數百分之四十九·二〇

女性人口佔全人口數百分之五十·八〇

每一百女性人口中祇得男性人口九十六·八四〇

(2)年齡的分配——關於年齡方面，我們可以把牠分爲四個時期：卽少年，由一至十九歲；壯年，二十至三十九歲；中年，四十至五十九歲；老年，六十歲以上。七百四十八人中，在第一個時期的共三百零八人，佔全數百份之四一·一八。在第二個時期的，二百四十八人，佔全數百份之三三·一五。在第三個時期的，一百三十三人，佔全數百份之一七·七八。在第四時期的，五十九人，佔全數百份之七·八九。(參看第六表)

居民年齡的分配及百分比 (第六表)

年齡組別	人數	百分比
1－19	308	41.18
20－39	248	33.15
40－59	133	17.78
60以上	59	7.89
合計	748	100.00

(3)男女年齡分配的比較——在第一個時期，男女數目之比爲一五四與一五四，在第二時期爲一二〇與一二八，在第三時期爲六三與七〇，在第四時期爲三一與二八。從這裡我們知道在二十歲以前和六十歲以後，男女的數目大約相等。但二十歲以後六十歲以前，則女子

的數目比男子的數目較大。在這個時期內男女數目爲什麽有這個差異呢？最大原因是男子從二十至六十是工作最有魄力的時期，他們會跑到別處地方，求較好的出路。然而他們畢竟收入不很豐，不能携家眷同行，所以要留下妻子在家。在這時期男子的數目便比女子的少，二十歲以前則男子尙屬少年，未有什麽出路，惟有在鄉裡做些耕田或其他種植的工作。至于六十歲以後的男子，因爲年老了，不想繼續在外飄泊；并且這時兒女也已長成，可以奉養他們了，于是回到鄉間來度活，因此在這兩個時期男女的數目大概相等吧。（參看第七表）

男女年齡分配的比較 （第七表）

年齡組別	男	女	合計
1－19	154	154	308
20－39	120	128	248
40－59	63	70	133
60 以上	31	28	59
合計	368	380	748

II 家庭經濟

一百家收入數目（第八，九，十，十一表）

爲着時間問題，我們未能將整個鳳凰村二百家的經濟狀況，完全調查清楚，現在只可把一百家來作代表，在農村社會裡，貧富等級不像城市那樣差別得利害，他們的生活不會有什麼大分別；因此拿一百家來代表全村，相信不致有多大錯誤。

合計一百家全年總收入爲七萬一千二百八十六元五毫。本利在內，收入的來源，可分爲農產，傭工，手工及其他等四項（參看第八表）。本來在一個農村社會裡，收入最多的應是農產；然而根據鳳凰村情形則與常例相反，在四項收入中，農產收入的數目竟退居第三位，而傭工及其他（包含小買賣，商業，烟賭，租項等）兩項的收入反居其上。這裡也不是沒有原因的，大概從前好境況的時候，鳳凰村居民也曾專心致志于農耕的，但是近年來農村已陷于破產的狀況中，尤以這個四面被包圍着而無出路的小鳳凰。于是很多有田的人都把田賣給伍村的人或賣給嶺南大學，專願做些小買賣，或跑到附近的廣州市傭工，稍爲有資本的便做點生意，因此在鄉間耕種的人日少。

各種收入數目 （第八表）

收入種類	收入數目（年計）
農產收入	$ 12,590.00
傭工收入	13,192.00
手工收入	2,876.00
其他收入	42,628.50
合計	71,286.50

一百家全年總收入爲七萬一千二百八十六元五毫，但生產費佔七千五百零五元六毫，故純收入僅得六萬三千七百八十元九毫（參看第九表）。生產費在農村裡是少不免的，其用途可分爲長工，短工，田租，肥料，種子，農具等六項。欠缺其中一類，都是不行的。生產費的分配以田租佔最大部份，一年內共須二千三百八十五元。其次便是長工和肥料（參看第十表）。平均起來，每家每年的生產費爲七十五元零六先吧。這小小的數目就是他們耕田的本錢了。

一百家生產費數目　（第九表）

收入等級	家庭數目	每年總收入	每年生產費	每年純收入
$1—249.99	34	$ 7022.00	$1,729.00	$5,293.00
250—499.99	38	15,590.50	1,477.00	14,113.50
500—749.99	12	6,911.00	117.00	6,794.00
750—999.99	5	4,703.00	442.60	4,260.40
1000 以上	11	37,060.00	3,740.00	33,320.00
合　計	100	71,286.50	7,505.60	63,780.90
每家平均		712.86	75.06	637.81

各種生產費用分配　（第十表）

種　類	銀　數
長　工	$ 2160.00
短　工	867.60
田　租	2385.00
肥　料	1683.00
種　子	306.00
農　具	104.00
合　計	$ 7505.60

除生產費外，每年純收入為六萬三千七百八十元九毛。平均每家每年收入為六百三十七元八毛一仙，每家平均人數為四·八六人，故平均每人每月收入約十一元。他們困難的生活，由此可見一斑。

根據入息的多寡，可把一百家分為五類，（參看第十一表）。最貧的一類，每家每年平均收入為一百五十五元六毛七仙；其次的為三百七十一元四毛；再其次的為五百六十六元一毛七仙；又其次的為八百五十二元零八仙：最富的每家每年平均收入為三千零二十九元一毛。若再詳細研究，則知收入在二百四十九元九毛九仙以下的家庭，平均每家有四·一人，收入在二百五十至四百九十九元九毛九仙的家庭，平均每家有四·七人，收入在五百至七百四十九元九毛九仙的，每家平均有五·二人，收入在七百五十元以上，一千元以下的，每家平均有六·二人，收入在一千元以上的，每家平均有六·五人，由此看來，則人口之多寡與乎家庭入息之高低恰成正比例：即是說人口愈多則收入愈豐富，大概在勞働社會裡，不論男女老幼，都有工作的必要，當我在調查的時候，眼見四五歲的小孩子已開始跟着爺娘在田邊工作，或在路旁割草。至於七八十歲的老翁老嫗，還未停止他們的勞動，女的在家裡織布，男的在街上販賣，或在田中耕種，各自食其力。這種勤勞的精神，委實令人欽佩。

一百家之收入數目（第十一表）

家庭收入等級	每類家庭數目	每年收入總數	每家每年平均收入	人數	每家平均人數
$ 1－249.99	34	$ 5,293.00	$ 155.67	141	4.1
250－499.99	38	14,113.50	371.40	180	4.7
500－749.99	12	6,794.00	566.17	62	5.2
750－999.99	5	4 260.40	852.08	31	6.2
1000以上	11	33,320.00	3029.10	72	6.5
合計	100	63,780.90	637.81	486	4.86

一百家生活費的分配（第十二，十三，十四表）

根據收入的等級，已將家庭分爲五類。收入最少的三十四個家庭，合計每年總支出爲五千七百九十三元五毛四仙，收入最多的十一個家庭，合計每年總支出爲一萬一千二百二十九元八毛一仙。一百家一年內的總支出爲三萬四千七百五十八元二毫。再根據這支出的數目，我們可以把消費分爲衣，食，住，燃料，教育，衛生，稅捐，和雜費等八項，玆將各項費用分述于下。

（1）衣——村民對于服飾，絕不講究，一方面因爲經濟所驅使；別方面因爲他們整天勞動着，那裡有時候顧及服飾。即使給他們換上漂亮的衣服，但不到一刻已變成污穢不堪了。爲着這兩個緣故，他們衣服的消費很少。合一百家每年共費二千三百三十元零六毛。平均每家每年費二十三元三毫一仙，又即總消費百分之六·七一。

（2）食——食的消費佔數最大，這是自然之理，因不論貧富也以食爲天的。一百家每年食費總數爲一萬九千五百零八元六毫一仙，平均每家每年費一百九十五元零九仙，即總消費百分之五六·一三。

（3）住——在鄉村裏，租費一項比城市特別小，大概房屋多是自己建造或祖先遺下；所以不用租錢。即使屋是租來的，租金亦很微。合一百家一年內的租項總數僅一千五百四十三元三毫五仙。平均每家每年費十五元四毫三仙，即總消費百分之四·四四。

（4）燃料——根據調查所得，在鳳凰村裡的一百家中，很多是沒有這項消費的，因爲他們可以拾取柴枝和割草以作燃料。一百家每年的燃料費用只七百一十七元九毫二仙。平均每家每年費七元一毫八仙，即消費百分之二·〇七。

（5）教育——教育狀況在舊鳳凰村似乎比附近各村落好一點，大概因那裡有嶺南大學鄉村服務團所設的鳳嶺小學和農林局及市政府合辦的幼稚園，收費不多，并且該村和嶺南大學相接近，故居民有較好的機會把他們的兒女送到南大青年會小學念書。合計一百家的教育費爲一千零六十七元八毫二仙，平均每家每年費一十元六毫八仙，即總消費百分之三·〇七。

（6）衞生——這項消費包含一切關及健康的費用。合計一百家每年消費爲三百四十三元九毫七仙，平均每家每年費三元四毫四仙。即總消費百分之·九九。

（7）稅捐—— 除了每年納小許地稅外，鳳凰村居民不用負担其他稅項，而地稅又只限于一部分的人。合計一百家每年稅捐總數爲八十五元一毫四仙。平均每家每年費八毫五仙。即總消費百分之·二四。

（8）雜項——雜項包含家庭雜用，嗜好，娛樂，宗教，應酬等費用，一百家每年雜費總數爲九千一百六十元七毫九仙。平均每家每年費九十一元六毫一仙，即總消費百分之二六·三五。

一百家生活費之分配 （第十二表）

收入等級	收入總數	家庭數目	每類每年費用總數								支出總數
			衣	食	住	燃料	教育	衛生	稅捐	雜項	
$ 1－249.99	$ 5,293.00	34	$ 383.00	$ 3,589.50	$ 165.00	$ 149.80	$ 105.92	$ 73.06	$ 4.00	$ 1,323.26	$ 5,793.54
250－499.99	14,113.50	38	668.40	7,078.50	553.60	250.40	226.00	136.96	4.20	2,371.50	11,289.56
500－749.99	6,749.00	12	323.20	2,491.36	286.75	123.12	96.00	30.96	4.44	892.31	4,248.14
750－999.99	4,260.40	5	195.00	1,145.75	324.00	66.60	18.00	14.00	—	433.80	2,197.15
1000以上	33,320.00	11	761.00	5,203.50	214.00	128.00	621.90	88.99	72.50	4,139.92	11,229.81
總數	63,780.90	100	2,330.60	19,508.61	1,5433.5	717.92	1,067.82	343.97	85.14	9,160.79	34,758.20

每家每年生活費用分配

（第十三表）

收入等級	家庭數目	每家平均收入	每類每年平均費用								平均支出
			衣	食	住	燃料	教育	衛生	稅捐	雜項	
$ 1—249.99	34	$ 155.67	$ 11.26	$ 105.57	$ 4.85	$ 4.40	$ 3.12	$ 2.15	$ 0.12	$ 38.92	$ 170.40
250—499.99	38	371.40	17.59	186.27	14.57	6.59	5.95	3.60	0.11	62.41	297.09
500—749.99	12	566.17	26.93	207.61	23.90	10.26	8.00	2.58	0.37	74.36	354.01
750—999.99	5	852.08	39.00	229.15	64.80	13.32	3.60	2.80	——	86.76	439.43
1000 以上	11	3,029.10	69.18	473.05	19.45	11.64	56.54	8.09	6.59	376.36	1020.89
合計	100	637.81	23.31	195.09	15.43	7.18	10.68	3.44	0.85	91.61	347.59

每家每年生活費用百分比

（第十四表）

收入等級	家庭數目	每類每年之百分比								
		衣	食	住	燃料	教育	衛生	稅捐	雜項	合計
$ 1—249.99	34	6.61	61.95	2.85	2.59	1.83	1.26	.07	22.84	100
250—499.99	38	5.92	62.69	4.91	2.22	2.01	1.21	.04	21.00	100
500—749.99	12	7.60	58.62	6.75	2.90	2.30	.73	.10	21.00	100
750—999.99	5	8.87	52.15	14.75	3.03	.82	.64	——	19.74	100
1000以上	11	6.78	46.34	1.90	1.14	5.55	.79	.64	36.86	100
合計	100	6.71	56.13	4.44	2.07	3.07	.99	.24	26.35	100

一百家的收支比對 （第十五表）

在上章我們曾經把舊鳳凰村一百家的收入和支出底數目，詳細報告，現在再把這兩項的數目來比對一下。

每年收入在二百四十九元九毫九仙以下的有三十四個家庭，平均每家收入一百五十五元六毫七仙，支出一百七十元零四毫三仙，收入在二百五十至四百九十九元九毫九仙的有三十八個家庭，平均每家收入三百七十一元四毫，支出二百九十七元零七仙，收入在五百至七百四十九元九毫九仙的有十二個家庭，平均每家收入五百六十六元一毫七仙，支出三百五十四元零一仙，收入在七百五十至九百九十九元九毫九仙的有五個家庭，平均每家收入八百五十二元零八仙，支出四百三十九元四毫三仙，收入在一千元以上的有十一個家庭，平均每家收入三千零二十九元一毫，支出一千零二十元八毫九仙，除收入最低的家庭入不敷出外，其餘各家，皆有盈餘，若把一百家平均起來，則每家每年盈餘二百九十元二毫二仙。

從前在消費項裡，我們只把衣，食，住，燃料，教育，衞生，稅捐，雜用等列入，并沒有把意外用費包含在內。若把這項列入，恐怕不能有這個盈餘數目了。

根據第十五表，收入愈大的家庭，盈餘愈多，這似乎是極自然之理。因鄉村的情形，和城市的極端相反，在城市裡，收入多的家庭，不一定會有盈餘，大概是生活程度較高而消費之途又較多有以致之；但在鄉間，一切生活費用像是標準化的。除了衣食方面因人數增加而不同外，其餘各項則沒有什麼大變動。

以整個舊鳳凰村為單位，其經濟情形雖不是處在入不敷出的狀況中；然而亦可斷定是一個生活程度底下的貧苦社會吧。

我們可以把隔河相對的沙南和鳳凰村底生活費用分配互相比較，以看其異同之點。

	各類生活費用百分比								
	衣	食	住	燃料	教育	衛生	稅捐	雜項	合計
沙南	6.67	62.05	.59	4.94	1.52	—	1.03	23.20	100
舊鳳凰	6.71	56.13	4.44	2.07	3.07	.99	.24	26.35	100

從這表看來，則兩個村落除了住，燃料，教育，稅捐，較爲相差外，其餘各種費用的分配大致相同。住的消費，鳳凰村比沙南多幾倍，爲的是沙南居民，多有自己的房屋，水棚或船艇，很少租賃住屋的，但鳳凰村的情形則不同，村裡有很多是從別處遷來的，他們沒有自己的屋；因此要租賃才得居住了，至于燃料一項則比沙南少，因鳳凰村附近多草木，居民拾取枯枝乾草以爲燃料，沙南則近海，少草木，故居民沒有這個好機會，教育一項比沙南較多，因蛋民終日在海上飄泊，兒童求學不得安定，并且不如鳳凰村之和嶺南義學相接近，兒童較多求學的機會，稅捐一項比沙南少，因爲沙南的船艇有埗頭捐，牌捐等，而鳳凰村則沒有吧。

根據這個比較，我們知道舊鳳凰村的生活程度和沙南的生活程度很相似，雖畧有不同之點，但這些不同之點都是環境不同之所致吧。

一百家收入與支出比對 （第十五表）

收入等級	家庭數目	每家平均收入	每家平均支出	盈餘或不敷數
$ 1-249.99	34	$ 155.67	$ 170.40	$ -(14.73)
250-499.99	38	371.40	297.07	74.33
500-749.99	12	566.17	354.01	212.16
750-999.99	5	852.08	439.43	412.65
1000以上	11	3029.10	1020.89	2008.21
合計	100	637.81	347.59	290.22

Ⅲ鳳凰村社會組織

鳳凰村是中國一個舊式農村，在嶺南大學校園西南門之南，建設廳蠶絲改良局之西，伍村之北，地點適中，交通亦頗便利，因爲百幾十年前該村有些搬到嶺南校門西邊居住，建立新鳳凰村，所以原日的鳳凰村亦常稱爲「舊鳳凰」。

該村爲着鄰近嶺南，而且鄉民較肯接受外界的幫助而合作。所以幾年前嶺南教職員會已經在該村舉辦小學校。最近嶺南青年會鄉村服務組，因爲在客村和敦和市的服務結束了，也派人到該村服務。嶺南大學社會學系也爲着沙南蛋民的調查工作完成，乃在該村從事調查工作。茲將鳳凰村社會組織的大綱系統，分列下面，然後分類釋述：

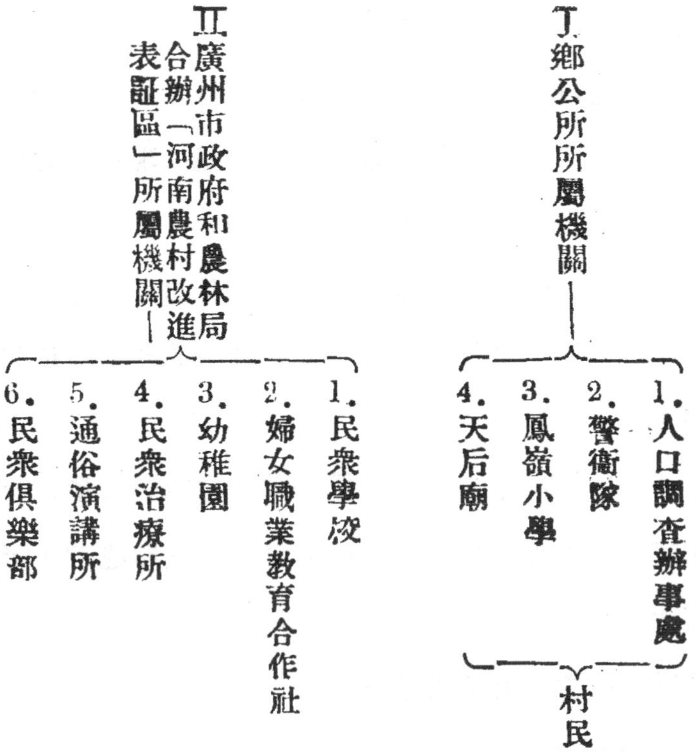

I.鄉公所的組織

鄉公所設在鳳嶺小學內，鄉長黃森是由村民選出的，他是一村的主幹人，對內是主理村內一切公共事業，對外是負責代表全村。鄉長下有里長，每里由住戶選出正副里長各一人，以協鄉長辦事。前有正副里長各八人，現已增至十人。大概因爲住戶增加的原故吧。

鄉長若對某事不能解決時，可召集各里長會議解決之。鄉長及各正副里長都是義務的，只有春秋二祭，佳節宴會等或可算是他們的酬勞。

鄉公所的經濟來源可以說有下列幾種：

(a)田租——公所實在是從前祖祠的變相，所以多少總有祖田，田租就是經濟來源之一。

（b）屋租——因爲由基立村到大塘的公路開闢（新港公路），所以鳳凰村四週的田價高漲，他們因爲這樣遂將一部分祖田以高價售與置業公司，將欵項建築平房出租。現在村的中部已完成的有十數間屋；這種收入也是可觀。

（c）烟賭館規錢——該村有烟館兩間，每間每日給公所規錢一角；賭館一間，每日給規銀一元，這筆進欵每月也有三十六塊錢。

至於他們的用途，除了警衞隊極少數必要費外，其他大部份都是用於春秋二祭，佳節宴會及其他非建設，無生產的地方去。

鄉公所所轄機關有下列數種：

（1）人口調查辦事處——這是番禺縣政府規定每鄉舉辦的。去年廣東省政府創辦鄉村自治人員養成所，番禺縣政府於是規定每鄉必須選派二人入所受訓練，期滿回鄉先辦人口調查工作。今年四五月間開始調查至八月間乃結束，將册表和統計呈繳縣政府存底後，該辦事處亦相繼結束。

（2）警衞隊——警衞隊是直轄縣政府警衞大隊的，他們是農民，他們的槍械由鄉公所購置，遇有事發生時才發動，平時無甚訓練，也無若何組織，故經費不甚浩大，不過該村位近城市，軍警林立，所以治安上不發生問題。

（3）鳳嶺小學——鳳嶺小學乃由嶺南西教職員會及青年會合力創辦的，經費亦由以上兩團體負担，鄉公所却一點沒有帮助。根據現在情形，該校設校長一，教員二；校長周沛霖，辦事頗有能幹而且努力。教員男女各一，全校分三班五級，合一二年級爲一班，三四年級爲一班，五年級則獨立爲一班，（詳細情形請看下面「教育狀況」報告）。

(4)天后廟——村中有一天后廟，廟內崇奉天后，觀音和金花，但廟門是刻着「孔子廟」，廟牆外則刻着「鳳凰學校」。廟門之所以刻着「孔子廟」的，是因爲政府曾下令除孔子廟外，其他一切廟宇必須拆毁；所以鄉民在門上刻着「孔子廟」三字，以保存這間廟宇。牆外之所以書着「鳳凰學校」，就是因爲要避免軍隊的駐紮。

除了初一，十五和神誕外，到廟進香的人很少，一來因爲平日鄉民沒有什麼空閒的時間，二來他們沒有那樣多閒錢。每年三月天后誕，他們倒是很熱鬧的慶祝。每年都籌備一千元去開銷。他們搭棚演劇，抬着神像出遊，通宵達旦，常常鬧到全村都很高慶。那一千元的開銷，不是全由鄉公所拿來的，也不是由廟祝拿出來的；他們逐戶去勸捐，若果捐不足，才由鄉公所補助。

II廣州市政府和農林局合辦的河南農村改進表證區：這個組織從前叫做「河南農村改進會」，由廣州市政府主辦，最近因爲經濟困難，乃改與農林局合辦，于是變換了名稱。

該表證區每月經費三百元，但九折發給，實得二百七十元。這機關不單在鳳凰村工作，并且在敦和市設辦民衆教育館，民衆治療所等；可惜工作上爲着經濟的限制，不能盡量發展。

表證區主任爲高若天先生，月薪七十元，此外表證區尚有其他費用如民衆治療所屋租，藥費，幼稚園經費，民衆學校及通俗演講所，婦女職業合作社，民衆俱樂部等使費，爲數不少，幸得博濟醫院報效治療所的醫生及護士等，否則更難維持。

隸屬表證區的，在鳳凰村裏有以下幾個組織：

1.民衆學校——民衆學校之在鳳凰村，沒有長久的歷史，是近年來才開辦的。到這裏求學的人，日間要去謀生活，晚上才有空上課。因此民衆學校是爲這班人而設的，祇在晚間上課，（詳細情形請看「教育狀況」報告）。

2.婦女職業教育合作社——鳳凰村婦女，在社會上沒有什麼顯著的地位，在教育方面他們更沒有享受機會。平日不是在田中工作，便是在家裏忙碌。整個生命都是機械式，沒有發展的。表證區爲着他們底幸福起見，特組織這教育合作社，一方面貫以知識，一方面提高他們在社會上的位置，使他們能夠經濟獨立，不必仰給於男子。

該社在民衆治療所的左鄰，是一間新建的小房子。由言思芸女士主理，一切費用均由表證區負担，創辦以來頗有成績，（詳情見下面「教育狀況」報告）。

3.幼稚園——位在村口南面一所廟宇裡，本來以天眞無邪的兒童，放在廟裡，向着許多神位，在這樣迷信環境當中，而施以幼稚的教育，於兒童心理和印象是不利的。可是若不在這裡舉辦，恐怕沒有比較好的地方了，得到鄉村父老肯借給廟宇，已算是萬幸，還顧得這許多嗎？所以在村裡辦事，不能希望事事稱意的。

經費方面，也是由表證區負担，主任每月薪金五十元，老傭婦每月工資七元，其他雜費每月約十數元，（詳情見下面「教育狀況」報告）

4. 民衆治療所——鳳凰村對于疾病的治療，常感缺乏求醫的地方，故民衆治療所是一個急需機關，該所由博濟醫院及河南農村改進表証區共同組織，醫生和護士之聘請由博濟醫院負責。藥品，屋租，雜費等則由表証區担任。

該所位在鳳嶺小學左邊，贈醫日期，每星期三次，即星期一，三，五，下午開放。所內有女醫師一人，女護士二人，就診的以兒童爲多，其次爲婦女，男子來就診的很少，每次就診的數目約二三十人，夏天及時症流行時，病人却多至八九十人。這所初辦時規定，凡來就診的，概不收費。當時每天到所來醫的，平均不下六七十人，後來定了收掛號費(一次交足)，每人五分(銀計)，結果因爲徵收掛號費，就診的人却比從前驟減。通常診治的病症以皮膚病爲最多，其次爲眼砂，發冷亦屬不少，其他雜症的也有。

至于大規模公共衛生之提倡如種痘運動及清潔運動等，也因時而舉行。該所除規定贈醫施藥及舉行衛生運動外，去年曾爲鳳嶺小學及幼稚園全體學生檢驗體格，且將檢驗所得的結果，用圖表分別寫下，以便醫生隨時可以考查某生某種疾病的變化而加以治療，更通知學生家長使注意兒女的康健。隨時檢驗的目的是要看學生們的疾病，經過相當治療後有無改良。此等檢驗的圖表，是在學校當衆佈告出來的。

村中人到所診病，每人都給與醫証一張，以便分別認識。還有病歷表一紙記存所內。每次到診，醫生便查問其病情及處方，詳細記錄，以便日後的查考。自民衆治療所成立以來，村中人便知道除了中藥治療外，還有更可靠的西醫治療法。所以民衆治療所在鳳凰村裡，是一個極重要的團體。

5.通俗演講所——鳳凰村的通俗演講所，是由嶺南農村服務組和表証區合辦的。經濟和實力却是前者負担較多。該所于每星期六舉行通俗演講會一次。所討論的問題約分三大類：(一)教育——如識字運動，公民常識等。(二)衛生——如公共衛生，家庭衛生等。(三)娛樂——提倡正當娛樂，勸戒鄉民關于煙賭惡習等。該所由高若天先生創辦於民國二十二年上半年。而嶺南青年會則在下半年接辦，交農村服務組宣傳股負責。想收較好的效果，於是利用戲劇，音樂，遊戲等以吸引村人赴會。每次演講由宣傳股長延請嶺南同學前往担任，在開會前幾天標貼報告于該所門前，俾衆週知。音樂則延請蠶絲改良局工人担任，如有戲劇排演時，則到會者往往四五百人，若無戲劇則到會者只四五十人，其中以鳳嶺小學生和村中小孩子爲多。開會地點一向是在鳳嶺小學。如遇演劇則臨時搭戲臺。該所的經費沒有多大的預算。若延請蠶絲局工人担任中樂助慶時，每次略備茶點款待，爲數不過七八角而已，所費無幾，而對于民衆知識的貫輸和啓廸，則收效甚大。

6.民衆俱樂部——此俱樂部是青年會服務組用四十元搭的。打算一邊用作閱書報，奕棋室；一邊用作俱樂部，以便鄉民在此練習中樂或閒談消遣。可惜搭起了一個多月，裡面的佈置一點都沒有，工作一點也未進行過，那座棚還沒有用到就已經給頑童弄到破爛不堪了。

IV 鳳凰村經濟狀況

A. 舊鳳凰村的形勢——舊鳳凰村位居河南島的中部，其東爲康業，有西山岡阻隔，南爲伍村，北與嶺南相接。從前由村裡到別村去，祗有幾條狹窄而彎曲的坭路。在雨水天時，則到處都是水氹，故行人每感困難，現在新築的新港公路經已落成，可由這村之北直達河南埠及敦和市等處，比前時多利便哩。

B.全村面積約五十畝，農戶二百三十。在河南七十二村中，可算是一個最落後的村鄉。在那裡當然找不到有樓的房屋；就是想找一間有幾個房子而用灰磚建築的，也很不易。從這件事實，已可看出鄉民生活程度之低下，和階級之不顯著。全村耕植地約二百畝，平均每戶所佔耕地不及一畝。而這二百畝中，只有四份之一是屬鳳凰村，其餘四份之三是向別村租的。二百餘農戶中，沒有一戶是地主。僅有少數自耕農，和大部份佃農及雇農吧。

C.農民分佈——村裡的面積小，居民也少；所以農民之分佈，無甚特殊情形。少數的自耕農，因耕地不多，收入甚微，日常工作，和佃農一樣。在調查的二百家中，自耕農祗有七個，他們自耕自食，一家數口，亦可以勉強過活，假如耕地太大，人工不能分配時，便招請長工或散工幫忙，耕地太小，人工有餘時，亦有兼爲雇農或找別種副業，以助生計的。佃農的數目較大，在二百家中共有六十九個佃農，他們的耕地是從伍村的田主租來，他們中有些從前是自耕農或小地主，不過後來境遇不好，不得已把田賣給鄰村如大塘及伍村的富戶，因此舊鳳凰村的耕地逐漸減少，至于雇農，則二百家中共有二十四人，他們收入很少，難以保温飽。

D.村民的職業——根據二百家調查所得的結果，職業一項，以業農的佔數最多，其次爲雇工，這些雇工大部份是跑到廣州市及附近較興旺的地方去的，因爲在村裡他們沒有田耕，又不易找到別種工作，于是離鄉別井，把血汗去換取人家的工錢，以求一飽○業商的約分爲油米什貨店，茶樓，銀牌，烟賭等類，他們的資本雖少，但入息頗好，在村中算爲富戶○此外尚有其他職業，然爲數甚少，至于婦女職業則以繡花織布爲最多，每月收入由一元至四五元不等，他們家裡置有小型粗簡的織布機，較貧的農家，婦女多到田間工作○現在把二百家職業的類別及各類人數寫在下面○

二百三十三人職業種類

職業種類	人數
商業	17
自耕農	7
佃農	69
雇農	24
雇工	52
泥工	21
繡花織布	21
籐工	5
販賣	3
軍警	3
養畜	3
機器工人	2
搭棚	1
調查員	1
圖書管理員	1
割草	1
道士	1
拾猪糞	1
合計	233

E.農產收入狀況——村中農產以稻穀爲最大宗，每年兩期收獲。其次如薯，蘿蔔，花生，菜蔬等，亦每年收獲二次，農產品除供給本村外，其餘則于墟日携往敦和市發賣。運至廣州市販賣的爲數甚少。全村統計，收入既微，而日常用品如油，柴，棉，布等均不能自給，必須仰給于城市。這樣看來則輸入比輸出的數目大，他們怎能避免窮困？中國年來入超于出的狀況，使全國經濟陷于破產地步，其情形亦正與此相似。

F.農民生活之困難——在河南七十二村中，舊鳳凰是最貧苦的一個，其故有二。

1.農地面積過小——在普通情形下，耕地之大小可斷定農民之經濟狀況，據專家估計，美國每一農家，平均有耕地五十七英畝，合三百四十二華畝。中國每一農家，平均耕地二十五畝，而鳳凰村則每一農家得地不及一畝，其困難情形可知。

2.農業無改良與發展——數十年來因村中人口無甚增加，勢力又復薄弱，不能向外發展，或伸張至鄰近鄉村，只有固守着祖宗傳下來的田畝，敷衍過活，對于耕種的方法，從不肯加以改良。近年來又因居民離鄉，把田地轉賣給別村，以致耕地日見減少。耕地少則出產不豐；出產不豐則不能自給而有餘。這樣看來，他們怎不窮困？

V鳳凰村教育狀況

(A.)識字人數及入學兒童數目

根據民國廿二年七月番禺縣政府舉辦的調查，舊鳳凰村祗有八百六十四人，女子佔了四百三十四人，男子則有四百三十人。村民的生活很貧苦，教育程度低下，自是當然的事。據調查所得，全村只有九十七人是識字的，換句話說，識字的人，只佔全人口百分之十一·二。這個調査雖不盡可靠，然而村民智識低下，也可想見了，現在且根據這次人口調査，把舊鳳凰村人口總數和識字人數，入學人數的百分比，列在下面。

舊鳳凰識字人數及百分比 （表一）

年齡	全村人口			識字人數			百分比		
	男	女	共	男	女	共	男	女	共
1－10	100	97	197	11	3	14	11	3.1	7.1
11－15	48	38	86	18	1	19	37.5	2.6	22.1
16－20	40	38	78	7	3	10	17.5	7.9	12.8
21－25	34	45	79	8	1	9	23.5	2.2	11.4
26－30	40	44	84	7	－	7	17.5	－	8.3
31－35	32	24	56	8	－	8	25.0	－	14.3
36－40	28	35	63	8	1	9	28.6	2.8	14.3
41－45	35	17	52	9	－	9	25.7	－	17.3
46－50	15	29	44	5	－	5	33.3	－	11.4
51－55	13	19	32	2	1	3	15.4	5.3	9.4
56－60	14	16	30	2	－	2	14.3	－	6.7
61－70	20	16	36	2	－	2	10.0	－	5.5
70以上	11	16	27	－	－	－	－	－	－
合計	430	434	864	87	10	97	20.3	2.3	11.2

鳳凰村入學兒童數目（表二）

年齡	全村人口			入學兒童		
	男	女	共	男	女	共
1—10	100	97	197	10	3	13
11—15	48	38	86	16	——	16
16—20	40	38	78	5	2	7
21—25	34	45	79			
26—30	40	44	84			
31—35	32	24	56			
36—40	28	35	63		1	1
41—45	35	17	52			
46—50	15	29	44			
51—55	13	19	32			
56—60	14	16	30			
61—70	20	16	36			
71以上	11	16	27			
總計	430	434	864	31	6	37

看了上面的表，便知道村民智識程度的低下了。在三百六十一個二十歲以下的村民中，入學校的只三十六人，換句話說，在學齡內的兒童，得受教育的不過百分之一十吧。這並不是村裡的人不願意到學校裡去，不過他們的環境不容許他們吧。

村民生活的貧苦，簡直不是一般醉生夢死，居住在高樓大厦享樂慣的城市富人所能夢想的。村裡的學校，雖然不收學費，但兒童到學校裡去唸書，家裡便少了個生利的人。

據鳳嶺小學的教員說：去年鳳嶺有學生差不多一百人。但今年因爲加收一元的註册費，學生便減少了二十多人。

學校的小學生所穿的衣服，是很簡樸而且陳舊，只有少數人是有齊整的衣服和鞋襪到學校裡去的。

(B.)鳳嶺小學

(1.)沿革——鳳嶺小學是舊鳳凰村唯一的學校，這學校的產生是在民國十五年。南大青年裡曾經載過關于鳳嶺小學過去和現在的文章，內裡有一段說：「一九二六年，本會及女青年會，教員會，女道會，宗教事業委員會與白十字團，感覺着改進中國，先要從小做起，就近開始，不斷努力，才望有成，對于本校附近鄉村，决行作有計劃的服務，以求村民教育普及，生產能力加增，娛樂和健康事業的改進，使牠成爲一自治的模範農村。

「經過一定時間的考慮，由上列團體送派代表，組織董事部籌劃一切，選擇舊鳳凰村做工作中心，以資集中力量，使計劃易于實施。

「一九二六年春，由本會和校內其他團體所組成的鄉村服務協進會，使在這村莊開辦一所鳳嶺日夜學校，這可算是舊鳳凰設立學校的開端了。那時只有教員一人，日夜校學生人數，總計也不過三十，學科當然是因陋就簡」。……(南大青年21卷，8期)。

所以鳳嶺小學的創辦人，是嶺南裡各團體；他的目的，是想找一處地方，可以和鄉人接洽，以便改良他們的衞生，教育這種事情。

初開辦的時候，完全是義學性質，到了民二十一年，教員才增加了二人，學生也多至百人；于是班級擴充，設備也較完善。鳳嶺學校，便由塾學而變為鄉村小學了。

（2）校舍和設備——鳳嶺小學的校舍，是借用村裡的鄉公所，和伍民祠堂的伍廳，現在一年級和三年級的課堂是在伍廳，二年級和五年級的課堂及辦事處，圖書館，一切都在鄉公所，校舍的形式可看下圖便知其詳。

校舍佈置情形

課堂兼禮堂			
教員辦事所	大井	課堂	圖書館
教務室	鄉民閱報及娛樂所	教員住室	

校舍雖然很簡陋，但還算清潔。課堂的光線雖不十分適宜，但還不至黑暗，倘若能多開些窗，加以改造，在鄉村裡可算得一所頗適宜的校舍了。

圖書館雖有一間，惟書籍不多，而且大都不適于兒童的興趣和需要。館裡的雜誌，幾乎可說沒有一份。民衆閱報室裡有兩份報紙——市民日報，和越華報——這是為鄉民而設的，每天到校裡看報紙的，和娛樂的也不少。

距校舍不遠，有一個很大的運動場，聽說是由該校員生合力開設的。可惜因爲經濟不足，沒有什麼設備。不然這偌大的運動場，眞是鍛鍊鄉民身體的一個最好的地方了。

校門對開，便是一塊小小的校園，開闢這校園的目的，是希望在那裡可以把農業的新技能和新智識，慢慢的灌進農村去。但據我的觀察，園裡所種的東西不多，好像學校當局，並不十分注意到這件事似的。想達到把新技能和新智識傳進鄉民裡去，恐怕不是件容易的事吧！而且園的四週，一點遮蔭的東西都沒有。太陽從早照到晚上，把種的東西都晒死了。又因爲籬笆不很堅固，村裡的猪和犬等，常常跑進園裡把所種的東西咬傷或踏死了。

（3）經費——鳳嶺小學的經費，是由嶺南大學青年會和西教職員會負担的。青年會每年担任二百元，西教職員會從前每年捐助四百元。但近年因會員數目減少，經費也減少；所以近年來只能捐助二百元。因而鳳嶺小學的常年經費變爲四百元。幸得河南鄉村改進會和嶺南社會研究所兩機關都各報効教員一人，幫助不少。

從前學生到學校讀書，一個錢也不要出的，自今年起，每人收註册費一元，這筆款也可補助學校的經費。

以不到五百元一年的經費，想辦理一所完善的小學，訓練八十餘個兒童，當然是困難的事。據說，學校有很多事想創辦和改革，但都因爲經費問題而束手了。

鳳嶺小學的三位常任教員中（校長和兩位專任教員）只有一位的薪金是由學校負担，其餘兩位是由河南鄉村改進會和嶺南社會研究所捐助。

（4）學生的分配——根據民國廿二年秋季學生入學人數表。全校共有學生八十人。內男生五十五，女生二十五，共分五級，各級人數分配如下。

鳳嶺小學各級男女學生人數及百分比（表三）

年　級	1	2	3	4	5	合　計
男	16	22	2	8	7	55
女	5	7	13	——	——	25
合　計	21	29	15	8	7	80
百分比	26.25	36.25	18.75	10.00	8.75	100

學生的年齡，最幼的是七歲，最大的十八歲，以十歲至十三歲的兒童佔多數。各年齡的分配，大約如下：

鳳嶺小學學生年齡的分配（表四）

年齡	7	8	9	10	11	12	13	14	15	16	17	18	合計
人數	4	5	7	11	12	12	12	7	3	5	0	2	80
百分比	5.00	6.25	8.75	13.75	15	15	15	8.75	3.75	6.25	0	2.50	100

學生中一半是本村的兒童，其餘一半是由增城，西村，康樂等各鄰近鄉村來的。學生多是農家兒女，其次要算工人和商人的子女，學界和政界的很少，只有一人吧了。

鳳嶺小學學生籍貫的分配（表五）

籍　貫	本村	增城	西村	康樂	伍村	新庄	[illegible]江	中山	河北	鴨敦關	敦和市	肇慶	博羅	總　計
人　數	44	9	8	5	3	2	2	2	1	1	1	1	1	80
百分比	55	11.25	10	6.25	3.75	2.5	2.5	2.5	1.25	1.25	1.25	1.25	1.25	100

鳳嶺小學學生家長職業的分配（表六）

職　業	農	工	商	學	政	總　計
人　數	37	27	14	1	1	80
百分比	46.25	33.75	17.5	1.25	1.25	100

（5）學生生活——學校經濟既然是這樣困難，學生家庭狀況和社會環境又是這樣的惡劣，學校生活的缺乏，自是意中的事。學生每天放學後，便好像和學校脫離了關係。課外團體和學術的組織，是很少很少；祗有每星期六的早會，是由學生料理。那時候，他們可以表演唱歌和說故事等活動。

每一學期裡，舉行一次懇親大會，會裡有種種衛生常識的演講，和學生的表演，可惜會裡的觀衆，大都是婦女，成年男子只有二三人吧。這裡很可以表現我國普通做父親的一種心理，以爲做父親的責任；只不過是賺錢養家，所以對于子女教育方面，父親的責任，只不過是供給學費，學費出了，父親的責任也就完了，子女的教導和督察的責任，都推在母親身上。所以，無論學校有什麽懇親會，展覽會，到會的多是母親，這不獨鄉村的學校有這種現象，城市的學校也是這樣。

（6）教員的數目和待遇——初辦的時候，教員祗有一人，直至民國二十一年，才增加了兩人。今年的教員，除了校長周沛霖先生外，還有一位男的和一女的專任教員，和四五位散任的義務教員。教員的聘任權是在嶺南鄉村服務協進會。

因爲義務教員每星期所担任的功課不多，所以全校的功課，幾乎都由校長和兩位教員分任了。他們每人每星期要担任二三十小時的功課，而且又是合班教授，生活的辛苦勞碌，也可想而知。幸而他們都抱有爲農民謀幸福的决心，生活雖是忙碌，但責任所在，勞苦也不怕，這點服務的精神，是値得佩服的。

因爲經費的不充足，教員的薪金是很小很小，據說，校長每月不過四十五元，教員約在三十元左右，住宿由學校供給，但一切飲食費用都要自已供給，學校只有一女傭幫助烹飪和洗衣的工作。

(7)課程——參看下表便知其詳。

鳳嶺小學課程一覽（表七）

星期	1		2		3		4		5		6	
年級	2－4	1－3	2—4	1—3	2—4	1－3	2－4	1－3	2－4	1－3	2－4	1－3
7-7:30	早操	早操	早操	早操	早操	早操	早操	早操	早操	早操	早操	早操
7:35-8:25	算術	算術	算術	算術	算術	算術	算術	算術	園藝 自修	園藝 習字	國語	常識
8:35-9:25	國語	黨義	自修	國語 自修	國語	黨義	黨義	常識	體育	體育	算術	算術
9:25-9:45	紀念週	紀念週	早會	早會	早會	早會	早會	早會	體育	國語	早會	早會
11-11:60	黨義	國語	常識	國語	黨義	國語	國語	國語	國語	珠算 自修	作文 串句	園藝 習字
12-12:50	唱歌	唱歌	手工	解字 尺牘	習字 尺牘	圖畫	圖畫	手工	解字 自修	唱歌	習字 園藝	串句
2:3-30:20	習字	習字	習字	算術	認字 習字	習字 衛生	習字 衛生	習字 珠算	唱歌	選修		
3:30-4:20	體育	體育	算術	自修	自修 衛生	解字 尺牘	解字 尺牘	解字 自修	選修			

（8）訓育和管理問題

（a）學生的道德訓練問題——鄉村學校教師所感到最困難的便是訓育和管理問題，因爲鄉村的兒童簡直是一點都感不到讀書的需要，和在學校的興趣，他們喜歡的時候就到校裡去，不喜歡時或許幾星期都不踏進校門，但這也難怪他們，根本的錯處，是由于學校引不起他們的好學心，功課惹不起他們的興趣，不過，除了這些外，社會環境實有很大的影響，例如：鄉村有婚喪等事要借用公所宴飲，學校便不得不放假，而且每遇到喜慶的事，學生便連接多告幾天假。據說因爲陪嫁的原故，有些學生竟告一二月的假。

在農忙的時候，因爲需要幫助家庭或田裡的工作，學生常會告假，而且鳳嶺小學生，一半是由鄰近鄉村來的，所以午膳後，常有因路遠而不來，或來也不能依時到的。據該校教員所說，下午兩時半至三時二十分那一課，告假的最多，這自然不能說是學校或學生的缺點，因爲假若每個鄉村都有他的學校，兒童就不必跑太遠的路來就學，或者交通便利了後，這種現象會無形中消滅的。

說到晚上溫課，那更是一件難題，因爲學生的家庭，多半是很貧苦的，晚上往往連燈都不點，所以學生放學後簡直不能讀書，而且，縱使有了燈，他們也沒有溫課的習慣。做父母的，也以爲兒童能天天到學校裏去，他們的責任便完了。對於他們的功課，一點也不過問。兒童回家後，也不知督責他們預備功課。

因爲生長在惡劣的環境和沒有教育的家庭裏，學生的性情和習慣，都不免有點粗陋，教師想糾正他們，實在不是件容易的事。

（b）學校訓育計劃——學校當局，爲訓育學生人格起見，曾擬定一訓練計劃，有如下表：

訓練概況（表八）

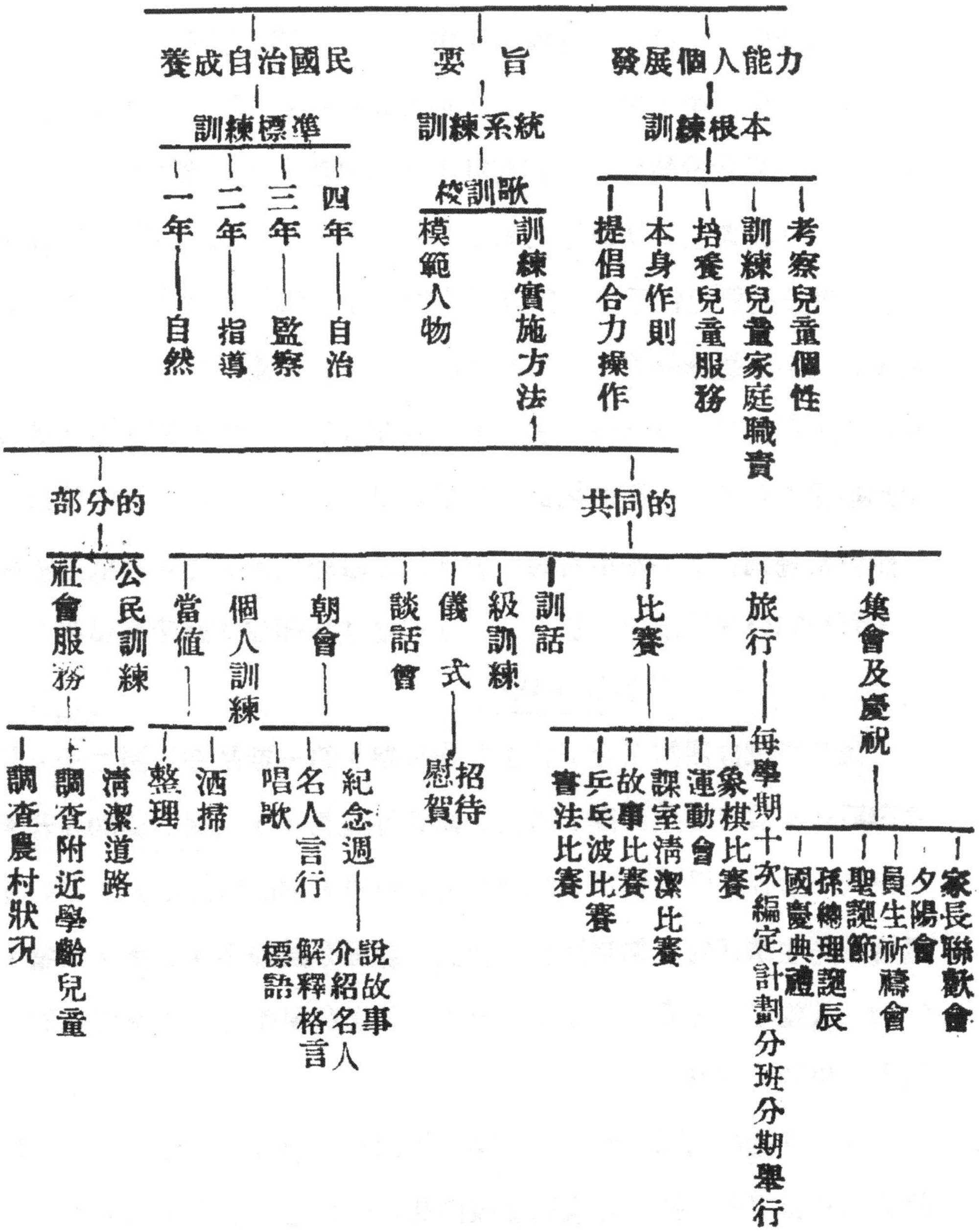

從上表看來，鳳嶺小學的訓育方法還不算差；不過，計劃和事實並不是常常都相符合的，這大概因爲經濟和環境的牽累嘿。

(9.)學生的健康——照一般人的推測，鄉村的兒童是很康健的，其實是一個錯點。在工作方面，鄉村兒童也許比城市的兒童多些力量。然而貧苦之所逼，工作過勞，又因父母不識衞生，沒有方法料理他們。因此弄到他們面黃骨瘦，現出一種不康健的狀態。

關于健康問題，民衆治療所，每月到校檢查身體一次，把學生的病狀，和身體康健情形，登記在紙上，有可治療的便給他們治療。

對于公共衞生上，鳳嶺的學生，去年曾經舉辦過一件頗值得注意的事，就是他們担任了清潔附近道路的工作。鄉村道路之不清潔，蒼蠅穢物之多，是無論那一個人都知道的。想改進農村的衞生，我們不能只靠幾張宣言，幾次演講會。我們一定要有實際的設施。現在鳳嶺能把空言見諸實行，確的是很好的事。兒童在每天清潔道路的時候，自然會感覺到街道不潔的種種弊害，倘若做教員的，能隨時施以種種衞生常識和公民道德的訓練，比之在課堂空談衞生，勝千萬倍呢。

(C.)民衆學校

民衆學校自開辦至今，校史可分四期，第一期是在民國二十一年春季開始，當時學生只得十餘人，而且都是男子，由周沛霖和高若天兩位先生擔任教授及管理，校裡所用的經費，雖然數目不大，亦都是這兩位先生擔任的，初時是合班教員，課程分為識字，珠算，尺牘，常識，黨義等，因為班中程度不齊，故教員與學生都感覺有點困難，這是該校初期情形。

第二期是在民國二十一年秋季，這期學生驟增至三十餘人，入學的仍然全屬男子，是時村人對該校漸起信任之心，故求學者大增，而教員方面也增加了一位，于是實行編級，把所有學生按照其程度，分為三班，複級教授，每晚上課，星期晚則休息。

第三期是民國二十二年春季。此期得南大鄉村服務協進會黃澤普先生派遣南大農職同學關枕亞與倫錫恩兩君襄助教授，這期教員總計有五名，學生亦增至四十餘人，最特色的，就是這期增設女班，可見村人漸知教育之重要，而女子好學之熱心，亦不弱於男子。

最近一期可說是第四期，由民國二十三年秋季開始，教員方面有不少的更換，課程方面也有些少差異，比前增多筆算及家庭常識兩科目，這期學生共三十七人，都能孜孜向學。村人教育程度，因此提高了許多。這可說是民衆教育的一點成功。至于教學和管理方面則有教員會議，取决校務進行之方針；每星期舉行一次。

(D.)婦女職業教育合作社

婦女職業教育合作社，由河南農村改進表証區設辦，該社最大工作，就是訓練一般村婦，使他們能夠領受多少職業教育，將來可以謀經濟獨立。社內陳設簡單。正中懸黨國旗二面，及孫總理遺囑，這可使村中婦女們也得受到民族國家的思想。傢俬則有衣車一架，以便他們學習或應用；新式鏡柜一座，內放各種衣服欵式以備學者參考或依様製造。屋中排列竹椅數行，椅前則放長方形木板枱數張，上面鋪着潔白的枱布，牆上設黑板一方，以爲教師教授時講解之用。此外尚有字圖一幅懸于牆上。由陶知行先生親手寫的，上面所寫的幾句話也很有意思，就是：

「滴自己的汗，喫自己的飯；

自己的事，自己幹；

靠人靠天，靠祖上，不是好漢。」

這是陶先生替婦女職業教育合作社所寫的。牆上還掛着一本點名簿，裡面登記着三十四位的姓名，這可見村中婦女也很願意學習一些職業的手藝。她們學習的課程，除女紅，卽車衣，裁縫，針黹，刺繡外，兼授識字，使其對于簡淺文字，能讀能解，也能寫出來，學生的年紀頗長大，可是在年少時便失學了，所以這些教育對于她們當然是大有裨益的補救，其中也有些年紀較輕的，因爲她們父母不喜歡普通的小學教育，而把她們送到這裡來。該社因開辦不久，一切設備很簡單，經濟也非常缺乏；然而她們竟不以爲意，還是一樣的勤力工作，不稍有倦意。工作的時候，簡直好像家人般一起在談笑，這比通常的學校還勝一籌哩。

這所房子的前座是拿來作該社上課之用；後座是教員住所。那麽下課後教員可以有多機會和學生們接觸，教員和學生隨時可以坐談，如同家人一樣，這樣對于學習或研究方面，便感覺得自然和容易了。

(E.)幼稚園

幼稚園是爲一般年紀較小的兒童而設的。在鄉村裏，做父母的都忙着工作，沒有空去理會兒女；所以兒童整天跑到街上去嬉戲，弄得全身污穢，並且很多時發生打架，幼稚園就是給與他們正當娛樂，和訓練他們有良好習慣的唯一地方。

幼稚園的前面，有空地一塊，以爲學生玩耍的地方。中有鞦韆架二，斜橋一，并有沙池給他們玩弄的，課室內設備簡單，有風琴及黑板各一。牆上貼着些摺紙手工，是學生一部份陳列的成績，此外還有木馬，是給兒童騎坐的，更有新式鏡柜，內貯各種兒童玩具。牆上掛着精美圖書以引起小孩子的美感，還有陶知行先生手題的字圖二：其一爲：「人生兩個寶，雙手與大腦，用腦不用手，快要被打倒；用手不用腦，飯也吃不飽；手腦都會用，纔算是開天闢地的大好老」；其二爲：「人人都說小孩子，誰知人小心不小，你若小看小孩子，便比小孩還要小」。更有一句標語:「輔家庭教育之不足」,也可見該園設立宗旨。

該幼稚園每天上課四時五十分(上午由七時半至十時止,共二小時五十分,下午由二時至四時,共二小時)。他們除遊戲唱歌外,還有故事,手工,認字等課程。

此輩鄉中兒童,家庭境況雖困窮,但比之城市兒童爲天眞活潑,他們多數是有獨立精神的,同時沒有城市兒童的嬌養惡習,並且很守秩序,同學間也非常和睦,對教師也很敬愛,留心接受一切的指導。

全園有學生三十四人,以男生爲多,但平均每日上課的只有二十餘人。有些留在家裡,有些跑到四處去嬉戲;由于父母不加約束,督使向學,亦可見該村對于兒童教育,尙未很注意呢!

Ⅵ 鳳凰村婚姻制度

舊鳳凰村的婚姻制度,和其他村落無甚分別,在這幾十年來仍然是保守着舊式的婚姻制度。村裡雖有十數姓,但嫁娶的習例都是一樣。貧富之別,就是在妝奩的多少和婚讌的次數吧,現在把婚姻的制度分述如下。

A.求婚——村人很守舊,至今仍憑媒婆之言,及問卜算命的結果來撮合男女的婚姻。普通男女每達十七八歲時,便由父母用紅柬替他們寫上了年歲生辰,托媒尋婚,男的叫做「接年生」,女的叫做「放年生」,女的父母雖替女兒放年生,可是他們幷不讓女兒知道。男的却不然,如果賣卜者說男和女的年生沒有相克忌時,他便可乘女的不避,偸看她的相貌,如是合意的,便可告之父母,然後訪査女之三代健康,及女之品性,女家也會照樣的訪查,雙方滿意了,便遣媒商酌餅食,禮銀,妝奩等,幷由男家擇定吉日,舉行訂婚的禮儀。

B.定婚——及至定婚的日子到了，女的家長必使她到別處去，使她不知道定婚的事情，鄰里親屬亦不能告訴她，據鄉人說，如事情給女子知道了，他必會逃走避婚，因爲不逃避，便給其他的村女取笑，說她要嫁了。

男家到了這天，也着人送餅和禮金到女家，數目的多少，根據貧富而定，還有男的三代帖，亦一同送去，在沒有起程之先，所有東西必陳列于男的祖先神座前，禮拜了才送去。

到了女家，又把牠列在女家的祖先神座前禮拜，交換了兩家的三代帖，燒了炮竹，定婚的禮儀完了，女家收了餅食和禮銀後須送回些少食物與男家，卽俗稱「送囘茶脚」，女家又須卽將餅食分送各親友，不使留在家中，並且要把家裡的一切的東西執拾得和平常一樣，以免給女兒囘來時發覺。

C.婚期——訂婚期和結婚期的相隔，是沒有一定的限度，相隔的遠近，大概是經濟的問題，有錢的人家，一年半載便可迎娶，窮苦的人家則隔三四年不等，因此婚嫁的年齡沒有一定，但普通多是由十七至二十一歲的，在婚期內的禮節可分爲三：（一)喊嘆日，(二)過大禮，(三)娶日。

1.喊嘆日——男家擇定了結婚的日子，便通知女家，在迎娶之前幾天，男家把各種禮物，聘金等送到女家，這一天就叫做「過大禮」，過大禮的前一兩天叫做喊嘆日。

到了喊嘆日女的家長便預備一個房間，有錢的人，大多是另租一屋，專爲這個用途的，房間舖滿牀，其中一張，常常垂下蚊帳，那就是新嫁娘的，其餘是預備給她最相好的「衆姊妹的」——她們并非親姊妹，祗是同村的女子，有已婚歸寧的，有未婚的——到了那天，衆姊妹。受着家長的指使，驅新嫁娘到房間并且告訴她明天要吃她的餅了，到這時，她才曉得自己快要嫁了，自然大哭起來，最可憐的，就是其中也有些女子，也快要過同樣的生活，但是自己全不知道，還在那裡取笑他人。

自這天開始直至娶日，新嫁娘都不離開房間，終日坐在牀上，帳是垂下的，甚至洗臉吃飯也在牀上，在這時期內，每天晚上，她須請一個最善于喊嘆的姊妹，走上她的牀上，教他喊嘆，房間有很多聽衆，是由女家請來的，喊嘆的次數是根據聽衆的數目而定，假如有五十人在房間，她便要喊嘆五十條歌了，雖然她並且非真正的很悲哀，然而因為多喊的緣故，往往聲破口乾，又加以連夜失眠，不思飲食，更形瘦削。

所喊的歌詞，大概是把自己當作將死的人，求他人來打救，每次喊到誰人的名字時，那被喊者須立即走上新嫁娘的牀上，和她對喊起來，對喊者的歌詞多屬安慰的，但亦有乘機自嘆身世。新嫁娘除了自嘆外，必有喊罵新郎的咒詛詞，聞說越罵得利害，男家越好運，現在把兩種歌詞錄在下面：

(1)喊人打救的——唉唉！亞珍姐呀，唉唉！一心到堂親近姊呀，唉唉！薄草落貢又候賢姊呀，唉唉！ 又勞高蓮到我堂呀！唉唉！我姊有心問候細呀，唉唉！有心來問我歸亡人呀，唉唉！候表到堂將我救呀，唉唉！救返青年共表俱叙長呀，唉唉！惜我少年早亡將我殘命毀呀，唉唉！求姊念情把我救回堂呀！

(2)咒夫家——唉唉！陰鬼過頭家死絕呀，唉唉！死絕陰人我正得有回房呀，唉唉！等我守寡之時同妹興聚長呀，唉唉！衫袖裏頭藏個火呀，唉倷！等佢火燒賊劫成村亡呀，唉唉！門口有條蕉樹倒呀，唉唉！倒完蕉樹倒蕉頭呀，唉唉！冬瓜倒蘿不論佢大共細呀，唉唉！倒完親人倒疏房呀，唉唉！𠮶仔咁高都死淸呀，唉唉！我心甚願搏佢靈呀。

2.過大禮——大禮的日子約在婚前十至二十天，在這天，男家把其餘的禮金和餅食完全送到女家，例如從前說定餅食十二盒，禮金二百元，那末將這數目把定婚時已交的減去，剩下來的，就在「大禮」這天送來，普通送來的東西如下：

餅——十至十四盒

禮金——二百至三百元

豬腿——十至二十斤

鷄鴨——各一對

海味——(魷魚，蝦米，蠔豉)五至十斤。

男家得回的東西就是「茶脚」，另帽一頂，鞋一對是送給新郎的，女家把餅食分給親朋，新嫁娘則不能吃的，得到餅食的親朋，就須續送禮，禮物的輕重，看親疏而定，有送衣服，首飾和用具的，也有送禮銀的，普通禮銀爲四角至一元。

男家也把「茶脚」分送各親朋，並通知他們某時某日來飲喜酒，親朋們所送的禮物亦根據感情之深厚而定，大者有喜帳，小者有禮銀。

至于那些送東西來的挑工的工資，亦有定例，男家送來的由女家支給，女家送來的則由男家支給，其價銀以路途之遠近而定，普通每人由一角至四角，并得餅兩個。

C.迎娶——迎娶前兩三天，由男家擇定時日，命新嫁娘用黃皮葉水洗頭，那天，女家煮「糖水圓」請她的衆姊妹吃，俗名「分水圓」，還給每人一包「利市」——大約一兩個銅板——這叫做「花錢」。那新嫁娘洗頭的叫做「好命婆」，洗頭時她要說好話而那女子亦要唱洗頭歌。

娶日到了，男家就遣人送大紅花轎去迎接新娘，但新娘並不立即上轎，這天女家只把妝奩送到男家，花轎則留在女家，直至第二天才上轎，妝奩之多少是因貧富而定的，但通常必有以下的東西。

木　櫃——一	大紅櫃——二
面盆架——一	八仙木枱——一
紅木椅——三	普通木枱——一
黑木櫈——三	皮　箱——一
便　桶——一	紅木盆——一
銅面盆——一	漱口盅——一
蓆——一	枕　頭——二
梳妝箱——一	茶　壺——一
杯——一筒	碗，匙——各一對
箸——十對	漆　籃——一
全　盒——一個	糖梅埕——一對
紅泥盒——六	棉　被——一張
	鞋——一對

又衣服五至十件，有錢的人家，有五十件，首飾則有萬壽籐鈪一對，戒指兩只，耳環一對，貧窮的往往借人家的首飾，事後才送還。以上各物約值銀百元左右。

有錢的人家除了所述的妝奩外，多有香案，客廳和睡房的傢俬，並且有大褂一套，因此他們最低限度亦要多費二三百元。

妝奩去了的晚上，男女家也開始請客，女家只請客一次，男家則最少亦須讌客兩晚，富有的則三四晚不等，每有客至，則鳴鑼請客入席，新郎須穿禮服——藍布長衫——掛上兩條紅，穿上女家送來的鞋和戴上帽，帽上挿着一朶金紙花，這些都是由「好命公」替他戴上的，叫做「上頭」，他須坐在門前，遇有客至，則起立行禮，以示歡迎，據村人說，每次酒席費，約在百元至百五十元之間。

花轎到了的第二天早上，新嫁娘要行「上頭」禮，即是請一位「好命婆」替她梳髻，這時她穿上大紅花袍，戴上鳳冠，但面上不塗脂粉，以表示她不願意結婚，「上頭」完了，跟着要行「花燭」禮，她要向着神臺上的兩枝大紅蠟燭喊嘆，這次所喊嘆的是祝自己母家的好話，在這時候，她的弟弟們或姪子們要替她奠三次酒，然後把她背上轎，跟着有個「花婆」把米和錢向她撒去——據鄉人迷信，說嫁女時多遭金鷄神殺害，故須撒米給牠吃，方可免害。上轎後，「花婆」便貼一張「張皇爺」在轎門，說是用來保護新娘的。她在轎裡仍然哭着，直至轎夫告訴她已出了村閘才止。

花轎抬到男家時，新郎走至轎前，先除去那張「張皇爺」，再把轎門一踢，便有大妗把新娘背入房間。

跟着的禮儀是「吃暖堂飯」，在廳上舉行，擺着一席好菜，九大碗，新郎和兩三位叔兄弟圍坐着，新娘由大妗扶站着，她是不吃的，一切事情都由大妗代她作的，每吃一樣菜的時候，便由叔兄弟說一句好話，大妗也替新娘回答一句，吃完暖堂飯後，即燒炮竹，同時有人奏樂散席，這時由新娘「近身」和「大妗」陪着新娘入房，大妗替她脫下紅袍，這就是「洞房」，跟着她又須穿起紅袍向男家的祖先禮拜，及向尊長們奉敬檳榔，最後要和新郎拜祠堂和到各叔伯的門前，向門口拜，但不入屋，那末禮儀完了。

這天的晚上，是男家第二次的讌客，散席後就是看新娘的大集會了。那時候衆兄弟們必百般取弄新娘，新郎則乘機逃避，因爲恐怕玩弄的方法愈來愈兇，以至難爲新娘，但他們怎肯把她放過，直至她不能應付時便罰她食物，因此往往玩弄至晚上二三句鐘才止的，處罰的東西，多是鷄蛋，百合，白果，冰糖等，皆由女家買來的，須在婚後的第二天交到，同時要把全盒裡的東西，盡量給他們吃，這叫做「撤全盒」，此後不再玩弄新娘了，聞說女家的衆姊妹亦有同樣的向男家罰取東西，這就是在轎到女家的一天，但她們多罰銀，數目在四元至六元之間。

D 婚後——新娘的大妗在拜祠堂後，便返家去了，只有「近身」留着服侍她，俗例自結婚日起，新娘不吃男家的東西；所以女家天天遣人送東西給她吃，直至滿月後才了。

三朝後，她把大紅袍和鳳冠除下，然後換上大褂或別的衣服，由這天起開始奉茶給翁姑，到了第九天，她須回娘家去，這叫做『回門』。可是回門的日子不一定是第九天，有時是第十一天的，大槪由男家所擇定，「回門」的前一天，由岳母請新壻，否則新娘是不許『回門』的。到「回門」的一天，男家遣人送給女家燒猪二三隻。

婚後第一年，每過時節，男家必須送禮與女家，如端午節，中秋節，冬節，新年等， 每次須費五元至十元， 女家只須封回『利市』便了。

最後我們還需注意鄉人的"不落家"和"梳起"的風俗，不落家的女子在兩三年不落家的時期中，多靠自己工作來養活，織布和刺繡就是主要的手藝。織布的收入很微，大約每天三角，刺繡的工錢較高，每天可得四五角。富家之女不需自食其力；並且可有機會去念書。

她們多在「姑婆屋」居住，這些屋是由鄉中「梳起」的女子合夥建造的，有空餘的地方可以租給他人。在鳳凰村裡有「姑婆屋」二間，每間約住二十人，內有已婚歸寧的，梳起的，未婚的或丈夫已死的。

村中梳起的女子，約有二十餘人。年紀多在二十以上，她們之梳起並非無故，或因有遺傳病，或因貌醜，或因不好的性情，或因有同性戀，以至阻止她們底婚姻。她們的生活，全靠自己的一對手。

梳起的禮儀是必須舉行的，其程序如下：

1.在梳起的一天，須請案姊妹或已梳起者替她梳上一個髻。地點可在艇上或廟裡。

2.梳起後須禮拜祖先。

3.請案姊妹及送禮者吃『梳起酒』，並分『利市』。

4.送與各未成年的弟弟和姪子們袜一條及「利市」一包。各項費用多由梳起者一人負担，父母甚少幫忙。此後家裡當她是已嫁的人一樣看待。她不能在父母家過年和死的；所以她們要積蓄些錢來買屋，不致死也沒有地方。

Ⅶ鳳凰村娛樂

貧苦的農村人民，對于衣食住行等問題，還不能解决，怎能有超乎溫飽以上的要求？他們整天忙着工作，爲口奔馳，當然沒有什麼空閒去組織什麼會社，提倡某種娛樂，所以他們的娛樂很少。同時智識薄弱經濟困難，阻止他們去尋求高尚和正當的娛樂。現在只好把調查所得分述於下：

1.關於公共娛樂的普通狀況：

（a）通俗演講會——嶺南大學青年會鄉村服務組對於鄉民的公共娛樂，有不少的幫助。每星期六晚，由該組派出一人或數人担任通俗演講。演講的題目，都是關於普通常識，公民須知，衞生習慣等。目的在乎增加鄉民的知識，使他們漸漸改善自己的生活。但是單獨演講不能吸引大部分的聽衆，所以會中必加插音樂，諧談，故事等秩序，以引起鄉民的興趣。是以每次到會的人很多。男女老幼均有。演講的地點，多在鄉公所，卽鳳嶺小學。

(b)民衆俱樂部——南大青年會鄉村服務組，用四十元在鳳嶺學校門前的空地蓋了一個棚，作爲俱樂部之用。棚內分爲兩部，據說一部擬作閱報室，奕棋和閒談之用。另一部則作鄉民玩弄音樂的地方，我們調查時，已蓋好個多月，但裡面還是空空洞洞，一無所有，結果成了小孩子的遊樂場，打架吵駡，無所不至。

(c)音樂——鄉民對於音樂甚感興趣，他們對於中樂如二弦，三弦，胡琴，月琴等，尤爲喜悅，除了在通俗演講會中，常由他們担任演奏外，更於茶餘飯後，集合兩三知己，淸歌一曲，其樂融融，實在是他們各種娛樂中不可多得的一種較高尙的娛樂呢，至於在迎神，賽會，或演劇的時候，音樂更是不可少的節目。

中樂而外，鄉民對於西樂沒有欣賞的興趣，而他們自己也沒有能力來作西樂上的種種設備，不過不久以前，在鳳嶺小學裡面，設有無線電收音機一具，這收音機是該村和其左鄰客村共有的，享用的方法，是兩村輪流保管，時期以一個月爲限，這種東西雖未能普遍全村，然也可算是一種新設施呢，此外鄉民間中也可在嶺南大學青年會所主理的集會中聽到一點西樂，但他們却遠不如對中樂之感有興趣。

(d)宴會，迎神，戲劇及其他時節——鄉民除了有嫁娶等喜慶事外，是很少有宴會的，而這些宴會也祇限於有關係的一小部分人，幷不是全村人都有機會參加的，至于該村無論男女老幼，貧富貴賤，都認作最大慶典的，就是迎神賽會和隨之而起的演劇了。這不祇舊鳳凰村是這樣，所有中國的村落也有同樣的現象。

各地有其特別崇奉的神，例如有些地方崇奉關帝，有些地方崇奉華光，而舊鳳凰村所崇奉的却是九天玄女娘娘，他們又叫她作天后菩薩。天后廟便是全村唯一的神廟，是以天后誕也是全村最高興的時節。天后誕是在陰曆三月二十三日。到了那個時候，鄉民便在鄉公所前面的空地，蓋上一個戲棚，排演戲劇。演劇的時候很長，一連七天，鑼鼓之聲不絕，爆竹之聲也不絕。鄉民都穿上新衣，到廟中膜拜，以求幸福。同時天后菩薩，也由鄉民扛着出遊全村。據說天后菩薩所巡視過的範圍，必能風調雨順，五穀豐登，萬民樂業。這自然是一派鬼話，不過鄉民之智識如是之譾漏，想破除他們的迷信是很難的。

在這七天內所演的通通是粵劇，他們叫牠作鑼鼓戲，或大戲。因爲經濟問題，往往祇能請半班（即全戲班角色之一半），而且多是女班，所有的經費，都是出自公欵。一部份由天后廟所收入的香燭費供給，一部分由全村錢糧收入供給。關於排演的戲劇，幾年前多是淫劇，但是近來却表現了鄉民思想的一點進步，所演的多是俠義等劇。除了演劇外，全村更大排筵席，以事慶祝，倘若世界上有普天同慶的話，那麽，這個時候可說是舊鳳凰村人民的普天同慶了。

除了天后誕的演劇外，在陽曆十月十日國慶日的時節，由嶺南青年會派人到那裡主持慶祝大會，排演白話劇等，至于經費則由嶺南青年會負担的，演劇的地點，也是在鄉公所，鳳嶺小學內舉行，參加的人數常在二三百以上，此外更有音樂，遊戲，故事等助興。

陽曆十二月二十五日耶穌誕的時候，嶺南青年會也派人到那裡開慶祝會，有時也有演劇的。同時又由青年會贈與到會的鄉民一點禮物或舊衣裳，他們雖很少知道耶穌誕的意義，但是也很踴躍赴會的。

(e)茶寮酒肆——本村祗有一個很小的茶寮，不過這實在是鄉民天然的叙集地方，每當茶客滿座之時，高談濶論，他們的意見因此得發表的機會，各種消息也由此而傳播到別處去，所以我們簡直可以說這地方是全村輿論和消息的中心，該茶室每天都有三次生意：早上，午後，和晚間。在晚間那一次有時還唱女伶來吸引茶客；所以每天的生意也不錯。但是鄉民每次所費，最多不過一角數分而已。

(f)烟賭——該村有鴉片烟館兩間：一名閑樂，一名禮記。閑樂有烟燈，烟槍八份，烟床八張。每天吸烟的約有三十人，平均每日收入約六元。禮記有烟槍，烟燈九份，烟床九張。每日吸烟的約有四十人，平均每日收入約十四元。每烟館每日須納餉一角。

該村又有番攤館一間，名叫裕安公司，是民國廿一年九月開設的。公司裡共有辦事人員五名。每日賭博的約有二十人。時間都是下午四時半以後，鄉人工作完了的時候。聞說該公司每天須納餉三元六角，其中一元交給本村，其餘則交給縣政府。

2.家庭娛樂——關於這一項實在是無甚可說：因爲女人們除了在家或出外工作之外，很少有空閒的時間來顧及別一方面的事情。她們除了閒談或有時打牌之外，實無別種娛樂的方法。小孩子也祗隨意亂跑，有時或集一羣年齡相若的小朋友玩一些簡單的遊戲如「捉迷藏」等，或唱一二首很普通的童謠，如「月光光，照地堂」等。此外更沒有什麼是他們的娛樂了。至於那些在鳳嶺學校讀書的小孩，則得多一點娛樂的機會。至於成年男子，除了吃飯睡覺外，多數是整天不在家的。他們所有的娛樂都是在家庭外舉行的。在上面所述的公共娛樂狀況，我們已可見其大概了。

3.學校娛樂——鳳嶺學校是全村的唯一小學。附設幼稚園一所。裡面學生的娛樂雖比不上城市的學校，或是別處的鄉村小學，但是我們也可以舉出幾點來說說。

(a)音樂——唱歌是學校功課的一部。學生所唱的都是很顯淺的歌曲。

(b)遊戲——距校舍不遠在村之南有一個很大的體育場，是由該校員生合力開掘的，也是他們的遊戲場。不過因爲經濟所限，除了別人送來以外，學生是玩不起大皮球的。所以他們所踢的是小皮球吧。

(c)閱書——校內有一間狹小的閱書室。然而書籍的缺乏和不適用，實在就顯不出那地方的用處。聽說他們快有一套商務印書館出版的小學生文庫了。到那時這小小的地方一定會有一番熱鬧和生氣的。

(d)交際會——學校有時和學生的家長舉行聯歡會，或是有時由學生担任排演白話劇等，學生們都很感覺興趣。

(e)其他——其他如遠足旅行，或學生成績展覽會等，都是很好的學生活動。這種課外活動，既可增加學生的生活，又可助長他們的知識；所以該校對於此等活動是很努力舉辦的。

Ⅲ鳳凰村衛生狀況

舊鳳凰村居民對于衛生可謂絕不講究。一方面就是欠缺智識，不知到污穢的弊害；別方面因爲過于貧困，既沒有錢來做點裝飾的工夫，又沒有空去理會。習慣成自然；所以他們不噲感覺到他們底環境的壞處。

這村的路，通通是沙泥的，路旁堆積着牛猪雞狗糞，和家家戶戶傾出來的廢物。加上溝渠中發出來的臭氣，令人欲嘔。年前高若天先生看不過那裡的污穢情形，特發起籌欵通渠，經已買得紅磚數千，築了溝渠路線十餘丈，村民因意見不合，大加反對，于是停止修築。

對于家庭衛生，村民亦不注意，屋內昏暗不潔，空氣不充足，屋內甚少窗，只有廳前一個小小的天井。家具雖然是簡單，但通通是陳舊的，而且佈置得不適當。除了那些較爲富有的有較清潔的傢俬外，其餘都是污穢得可怕，掃屋洗地是罕有的事情。年中只在年尾時洗掃一次的家庭，實在不知多少。所以在屋內各處隨時可以找到蛛蜘網和蛇蟲鼠蟻等。

衣服方面更不講求衛生。入到鳳凰村裡很少找到一個穿白色衣裳的人，他們所穿的都是灰或黑色，而這些灰黑的衣服都佈滿着塵垢，并且發出一種不好的氣味，很像多天沒有洗過。尤其是小孩的衣服更是不潔，面部和手足都是常常帶着污泥。他們雖然天天在校裏聽着教師們講解衛生；但畢竟單方進行不易生效果，家庭不合作是永不會改頁他們的。

根據實情，鳳凰村居民的健康，沒有比其他的村民特別壞，不過處在這不潔的環境裏，要有很康健的身體，恐怕不是件容易的事情，他們的疾病多由污穢而起，全村最清潔的就是民衆治療所，鳳嶺小學和幼稚園，但這些地方仍有不少蒼蠅，蒼蠅便是傳染疾病的媒介啦。

村裏唯一的治病處是民衆治療所，由嶺南博濟醫院分院主持，每星期定一三五爲診症時期。每次到診人數，均在二十人以上，又該所除定期治療工作外，每星期有郭鳳律護士及黃若鴻護士在鳳嶺小學担任衛生課程，和每星期舉行之學生體格檢查，在預防天花施種牛痘的時候，村民很踴躍參加，可見他們對於醫藥和衛生的重要，已開始感覺興趣哩。

最近又聞該所特別關心兒童健康，故增設兒童衛生治療，凡自出生至六歲的兒童都可依期前來檢查，其規定時間爲每星期三上午，自從這工作開始後，又得嶺南大學青年會農村服務組的協助，立卽買了新式量身器一架借用，以利便該部每月檢查兒童的體重。

Ⅸ鳳凰村的宗教信仰和時節

給傳統思想所蒙閉，舊鳳凰村居民仍保留着那原始和幼稚的信仰——多神教。入他們的屋，一眼便看見很多神位，什麽門官土地神，牀頭神，灶君等等都各有各的位置，他們雖則天天燒燭香奉拜，然而這都是機械式的，盲目的，對于各神都存着一種畏懼的心，所以家裡有意外事情發生的時候，便說鬼神作祟，遇有疾病，則說邪鬼上身，他們實在沒有眞正的宗教思想，單獨是迷信。道教，佛教，回教之于他們，實不知爲何物，至于基督教則有嶺南大學青年會派人下鄉宣傳，間有聽衆，但信者全無。

除信鬼神外，他們更信風水，每遇建屋安葬等事，必先查問風水先生其地風水之好劣，假如家境不順，或錢財不利的時候，則必歸咎祖宗山墳風水不好，或屋宇的風水不好，總是這般的迷信。

他們旣信仰多神，故有很多神誕的產生，如天后誕，土地誕，關帝誕，關平誕，觀音誕等，每逢神誕，鄉民必靈高采烈，巡遊啊，演戲啊，是所不免的，并且總在幾天以上。

關于時節的舉行；在舊鳳凰村差不多每個月都有一次，到時必有一番熱鬧。這些時節和他們的宗教信仰亦有很大關係，凡過節期必須祭祀各神，否則不得神的保護，現在且把各時節的性質和儀式略述于下。

年節——這是廢曆新年，是村民最高慶的日子，他們一年勞碌，到這時也得休息幾天工作，盡量去快樂。年中的積蓄，在這時也花去好一部份。他們寧可平日節省一些，但新年的費用是免不得的，除了親朋間的應酬及購祭祀品外，還要在家裡多備些食物如年糕，生菓，糖果，瓜子等，有時更要替家人做套新衣服，這節期的費用，富的約三四十元，貧的亦須十數元；所以一貧如洗的人，到時要把衣服或較爲値錢的東西去當押，以備新年的必需。

人日——這是年節後的第七日，即元月初七。到這天，鄉中婦女必預備雞，猪肉，茨菇，桔，米餅，元寶，蠟燭，香炮等，先在門口拜當天，繼往孔子廟，玄天帝廟，南北閘門的土地社稷，最後囘家拜祖先及土地門官灶君等，據說若在這天拜神後出外遠行，則年中必得平安順利。間有把兒女的生辰貼在神位下面，作爲契神，契神的以一歲以下的兒童爲多。此節用欵不多，約數元而已。

清明——此節在三月間舉行，日期根據通書而定，這是掃墓的節期，村民分三天掃墓，正清明日往拜始祖(太公)。第二天和親房人往拜私伙。第三天則拜家祖先，間有自另擇日往掃墓的，清明節的晚上，大家到祠堂裡面聚食，十分高慶。此節期的費用，多者六七元，少者二三元，祭祀的物品爲燒豬，猪肉，雞蛋，茶酒，元寶，蠟燭，溪錢，金銀紙等。

蒲節——即端午節，在五月初五舉行，是日鄉民停止工作，大吃果品，粽等食物，男子多往賽龍舟。

乞巧節——又名女兒節或七姐節，由鄉中少女在七月初六晚舉行，每人科銀一元至二元，那天晚上，全村的女兒都打扮得特別美麗，聯羣結隊的在排列着果品的枱前拜仙，他們又把自己做的手工拿出來鬥巧，這塲高興直至初八早才停止。新出嫁的婦女到這節期也跑回來和姊妹們一同高慶，俗說回來「辭仙」，她們所出的錢，往往比未嫁的多幾倍。

盂蘭節——又名鬼節，在七月十四舉行，相傳在七月間，閻王把鬼放到陽世覓食；所以世人要把食物，衣紙等施捨給這些餓鬼，在七月裡，各家孩子須早點睡，晚上不能任意在街上跑，免爲鬼所害。

中秋節——又名神仙節，在八月十五舉行，相傳在八月間，神仙下凡遊玩，所以孩子晚上可以自由行動，希望遇見神仙。中秋節那天，親友間必互相餽送食物如月餅，生果，鷄鴨等。晚上則家家戶戶預備月餅，生果，芋頭，菱角等，向天拜月，拜後則團叙而食，談笑甚歡，有至夜半才往睡的。

重陽節——又名登高節，在九月初九舉行，是節不甚張皇，家中只製糖圓而食，鄉民多結隊往拜先人墓，或遊山取樂。

冬節——此節舉行於十一月間，根據通書而定。這天鄉民停止工作，在家裡大吃一頓。親友間則餽送食物。

春秋二分——每逢春秋二分，鄉中族人必相叙於祠堂議事及拜祖先，晚上則耆紳等集合叙餐。

春秋二社——此節期多由全村舉行，每家科銀半毫，用以買猪肉，鴨蛋等物爲祭祀之用。祭祀畢，將食物分派各家，據說這些食物若給孩子吃了，便會精乖伶俐的。

夏至冬至——此節只婦人在家裡拜神，並無其他高興。

霜降——此節甚少舉行。間或有叙知己數人在這天舉行大食會。

X 鳳凰村歌謠

各處地方有自己的歌謠，鳳凰村的亦有牠的特色；不過裡面也有多少是與附近村落相同的。這些歌謠包含兒童的調戲；婦女的家庭申訴，如媳婦怨翁姑，少姑嘆命苦等，此外則有關及日常生活的，現在且把牠們列在下面。

麻雀仔

麻雀仔，担樹枝，担上閣頭望亞姨，亞姨梳個蝴蝶髻，帶朵紅花伴髻圍。

亞姑姑

亞姑姑，担水瀨葫蘆，瀨得葫蘆瓜咁大，人人都話亞姑乖。

月光光(其一)

月光光，照地堂，年卅晚，摘檳榔，檳榔香，摘子薑，子薑辣，買菩薩。菩薩苦，買猪肚，猪肚肥，買牛皮，牛皮薄，買菱角，菱角尖，買馬鞭。馬鞭長，起屋樑。屋樑高，買張刀。刀切菜，賣籮蓋。籮蓋圓，買隻船。船冇底，浸死兩個番鬼仔。一個浮頭，一個沉底。一個摸茨菇，一個摸馬蹄。

月光光(其二)

月光光，捉雞劏。雞公求主曰，我噲唱，不出聞，劏我不如劏隻鴨。鴨又話，我日日跟亞婆，劏我不如劏隻鵝。鵝又話，鵝頸長，劏我不如劏隻羊。羊又話，羊角尖，劏我不如劏隻馬。馬又話，我噲送官開埗頭，劏我不如劏隻牛。牛又話，我噲耕田養人口，劏我不如劏隻大烏狗。大烏狗又話，東邊賊來我又知，西邊賊來我又知，劏我不如劏隻大肥猪。肥猪實好閷，一陣把刀吞。

一粒星(其一)

一粒星，照大廳。廳乜嘢，聽教學。學乜嘢，學文章，章乜嘢，褧衣裳，裳乜嘢，嘗味道。道乜嘢，渡過海，海乜嘢，海老爺。爺乜嘢，椰頭布。布乜嘢，布政司（讀書）。司乜嘢，輸阻二百銀。

亞跛跛

亞跛跛，跛羅蹄，冇米煮，煮沙坭，冇柴燒，燒香鷄，冇屋住，住黃坭，冇衫着，辦似龜，四脚扒扒眞好睇。

康樂樂

康樂樂，担飯去田連飯鑊，行路鑊打崩，沙坭連飯吞。食飽番歸賊頭暈。即刻請先生來睇，激得先生冇計仔，又請拜神婆去廟問神，保祐全家大細人，家人都好番，去請神婆飲一殘。

看牛仔

看牛仔，甚奔波，拉起牛繩冇奈何，黃牛走起峯岡頂，水牛走去踏人禾，食阻人禾人又鬧，揸乾眼淚竪番禾，竪到晏晝過，褸陰大姐抱晏過，多多少少俾啖我，水浸田基無定坐，猶如番鬼望波羅。

一粒星（其二）

一粒星，隨海遊，大姐嫁，買條金鎖匙，金甌裝飯亞娘吃，銀甌裝飯亞娘添，買隻白馬俾娘騎，騎去邊，騎去皇帝面前來飲酒，大朵鮮花跌落酒杯心，人哋探花三個月，自己探花大半年。

雞公仔

鷄公仔，尾彎彎，做人深抱甚艱難，早早起身又話晏，眼淚未乾落下間，下間有個冬瓜仔，問句安人煮便蒸，蒸蒸煮煮唔中安人意，大揸拿鹽又話鹹，手甲挑鹽又話淡，三朝打爛三條夾木棍，九朝跪爛九條裙。

一粒星（其三）

一粒星，隨海遊，亞哥叫妹織絲綢，一日織得幾多啊？一日織得九丈九。亞哥又嫌粗，亞嫂又嫌幼。食哥飯，受嫂氣，不如拉籃揹蟛蜞。人晚揹蟛蜞隻隻起，自己揹蟛蜞基過基。朝頭食碗清粥水，晚頭食碗飯焦㓥。

亞哥哥

亞哥哥，撑船過海買綾羅，買倒綾羅歸妹着，着起綾羅拜大家，大哥出來無話說，大嫂出來說話多。

金欖核

金欖核，兩頭尖。十個大哥留妹過十年。第一大哥做把紅羅傘，第二大哥找對金耳環，胭脂水粉三哥買，脚踏花鞋四哥裝。紅櫳衣裳五哥置，紅枱綠椅六哥裝。七哥打對圓珠鈪，八哥裁縫做衣裳。九哥買個蘇州櫳，十哥打條金竹槁，銀井欄，打條銀路過妹行。

落大雨

落大雨，水浸街，亞哥担柴上街賣，亞嫂匿埋屋企織花鞋，花鞋花脚帶，睇見人來就收埋。

亞媽媽

亞媽媽，點燈落塘摘水瓜。水瓜攔埋綿豆樹，綿豆攔埋桂木瓜，初三初四契娘嫁，買盒胭脂水粉送娘搽。搽白面，似觀音，着對花鞋坐轎心。心掛掛，掛紅裙，攞開茶飯詐頭暈。恨食蜆肉，嫁涌邊。恨食田螺，嫁田邊。恨食魚蝦，來浸鏟。恨食茨菇馬蹄，嫁蓮塘。嫁得幾多多，不如攞番個，就攞番亞婆。婆得幾多多，不如走去攞田螺。落田睇見一羣鵝，不知鵝公是鵝婆，鵝婆走去跳海死，鵝公走甩隻髀。

扒龍舟

扒龍舟，轉龍頭。買只生雞來保佑，買田買地起高樓。細佬哥，行埋冀打門，老少平安到白頭。

亞威威

亞威威，揹起紅袍去賣雞，一籠雞仔都賣晒，賣剩一只雞公跳路啼。落雨走埋花樹底，好天一路唱返歸。

點指踏踏

點指踏踏，踏籠頭，問你捉猪便捉牛？捉到黃牛三百兩，紙馬零經第一籌。籌對籌，冬瓜拉仔上捗頭。麻油撈韮菜，各人夾著好行開。

（出自《岭南学报》第四卷第三期，一九三五年）

區閩奇

下渡村調查

中華民國二十七年四月十四日

廣州私立嶺南大學

下渡村調查

緒言

表一，二

我國自古以農立國，耕地面積有一，二四八，七八一，000畝，人口號稱四萬萬五千萬，業農者十居其八九，土地肥沃，氣候溫和，可說得是個天然的農業區域，一切條件，都利於生產而維繫生存於不敝的。國家的稅收大部份來自農民，一切行政，多賴農民以維繫，國民生產全以農業為基礎。自鴉片戰爭以後，中國對外作戰失利，帝國主義者便挾其資本勢力，吮吸我膏脂，塗毒我民族；兼之我國政治未入軌道，國內連年兵燹．又繼以天旱水災，中國農民受這種蹂躪，農作技術無從改良，農業經濟無由發展，農村社會漸形衰落，農業經濟破產，因而牽動到中國整個社會之不安，到了現在已成為普遍的現象．

農業經營，既是我國生產的主要根源，而農民數目又佔全國人口之大部份，是以農村衰落，不僅是農民本身利害問題，實是整個民族興亡之所繫，但農村問題是這樣的複雜，從事救濟，則必先要從事農村調查，才可以明瞭農村的經濟，土地，組織，人口等現狀．這是我作這篇論文的動機．

我國耕地面積有二，二四八，七八一，〇〇〇畝，農戶有五八，五六九，一八一家（註二），以廣東一省而論，農戶也有三，九二五，二〇七戶（註三），占全省總戶口數百分之八十五。農戶數量是如許的大，若作全數的調查，這不是一個或三數個人所能做得到的事。為着時間和空間的便利，就近地選擇了一個小村落——下渡——做調查的對像，因為這裡離嶺南不遠，往返不須多費時日，在課餘的時候，隨時可以到村裏和鄉人們談話，而女道會又有小學和幼稚園在這裏設立多年，鄉人為了他們子女有受教育的機會，和嶺南人的感情頗好。談話間不致發生隔膜，直接或間接可以知道他們的家庭狀況。雖然下渡是河南島中一個小小的村落，不足以代表全河南區的農村，但見微知著，由此也可以想像其他。

調查的對象只限於下渡一村，內容可以分為三方面：(一)家庭與人口的情形；(二)經濟的情形；(三)社會生活狀況。關於第一方面的包含家庭形式，人口數目，年齡與性別的分配等；關於第二方面的包含居民職業的分配，和各種費用的支收；關於第三方面的包含農事，教育、宗教、婚姻、娛樂、衛生等事項。

下渡位於河南，距着城不遠，隸屬番禺縣第三區。

註一 參看金輪海：農村復興與鄉教運動一〇八頁

註二 參看第七次農商統計

北面臨珠江，南近新港公路．水陸交通，均稱利便．村前有河南公路，可直達鷺江、大塘等鄉．路長約一千一百米突．為河南中部各鄉交通孔道．村民多以農工為業．在未禁烟賭以前，賭館烟館稅項的收入很大．

本論文的材料，取自民廿五年度第一學期社會學八十二社會調查一班同學的七十六個個案調查，而以廿四年度第一學期所調查的為參考．當時我也有讀社會學八十二這一科，曾經許多次下鄉參加調查的工作．關於當地的風俗民情是由我個人最近所採得．

下渡全鄉的戶口共有一百七十幾家，人口有五百八十幾．在我作論文之初，本來想繼續把全村的戶口整個調查，後來因中日戰爭爆發，日本的飛機不斷的轟擾廣州，村民都陷於張惶與恐怖的情狀．在這個突變的期間，到這裏調查，結果是毫無成效．現在雖不得到下渡村全數戶口的調查，然而七十六個例證，也可以舉一反三呢．

調查的時候，在我個人方面，得着下渡小學一位教師林女士的幫忙不少．林女士在那裡居住多年，對於村中的住戶認識很多，尤其是對於學生底家庭境况更有深徹的明瞭．我到下渡去是在課餘的時候．先是由林女士告訴小學生，說嶺南大學有些學生想探訪他們的家長，藉以聯絡家庭和學校的感情．結果甚得學生家長的歡迎．莫不着其子女請我們到家裏談話．以後調查的時候便先到下渡小學，散學時候隨同學生回家，便中更探訪其鄰人，和他們談話，他們不只是不厭我們繁瑣，甚致向我們感謝，說嶺南大學對他們愛護備致，因為我們到那裏只說是家庭探訪，而沒有告訴他們是調查呢。

我們調查的方法是採用訪問式，先製定表格兩種（見表一二），這種表格是由調查員和村民談話，得了答案，然後代為填上。

我們到村裏雖受家長們熱烈的歡迎，但也不是全沒有困難之點：

第一是調查年歲的困難。中國人對於自己和兒女的年歲有保持秘密的習慣。有些時候，雖經幾次的反覆詢問，也只給你知道大約的數目。譬如問他們：「你現在有多大的年紀？」他們是說：「現在已經幾十歲了。」畢竟是幾十呢，便要看其面貌而自己估計。

第二是調查生產人數與死亡人數的困難。這一項在調查表中雖然沒有，但在研究人口問題中，這是很值得我們留意的一件事。可是他們賦於情感，尤其是做母親的，每提及已經死亡的兒女，便認做傷心的事，故往往不願把死亡的數目說出，而鄉村本身亦無統計。

第三是調查各項支收的困難。這項困難的問題有兩方面：(一)鄉民的家庭經濟很不公開的。如富有的家庭，恐怕被別人所嫉妒，或怕他人來借貸。貧窮的人家又恐怕被人輕視。這種心理是不容易打破的；(二)家庭的支收無統計。這種情形在農户是特別顯著。因為在農作業中，幾乎每天都有收獲。如菓蔬、瓜菓，是每天成熟的。即每天都有多少收入，而人工和肥料的支出也很瑣碎．所以每年支收多少，就是他們自己也不知道．從調查所得各答案中，農戶與農戶間的支收數目相懸很大．

第四是調查疾病的困難．村民素來是不講衛生的．不知道什麼叫做健康，對於醫學的常識尤為欠缺．若不是特徵異常顯著的疾病他們每每不能察識．

號數　　　　　　農户調查表　　　　　　年　月　日

姓名	家中位置	性別	年齡	籍貫	常在何處	新學程度	舊學程度	宗教	職業	月薪	婚姻狀況	殘廢疾病	備註

（以家長為本位）地址　　　　　答覆人　　　　　調查人

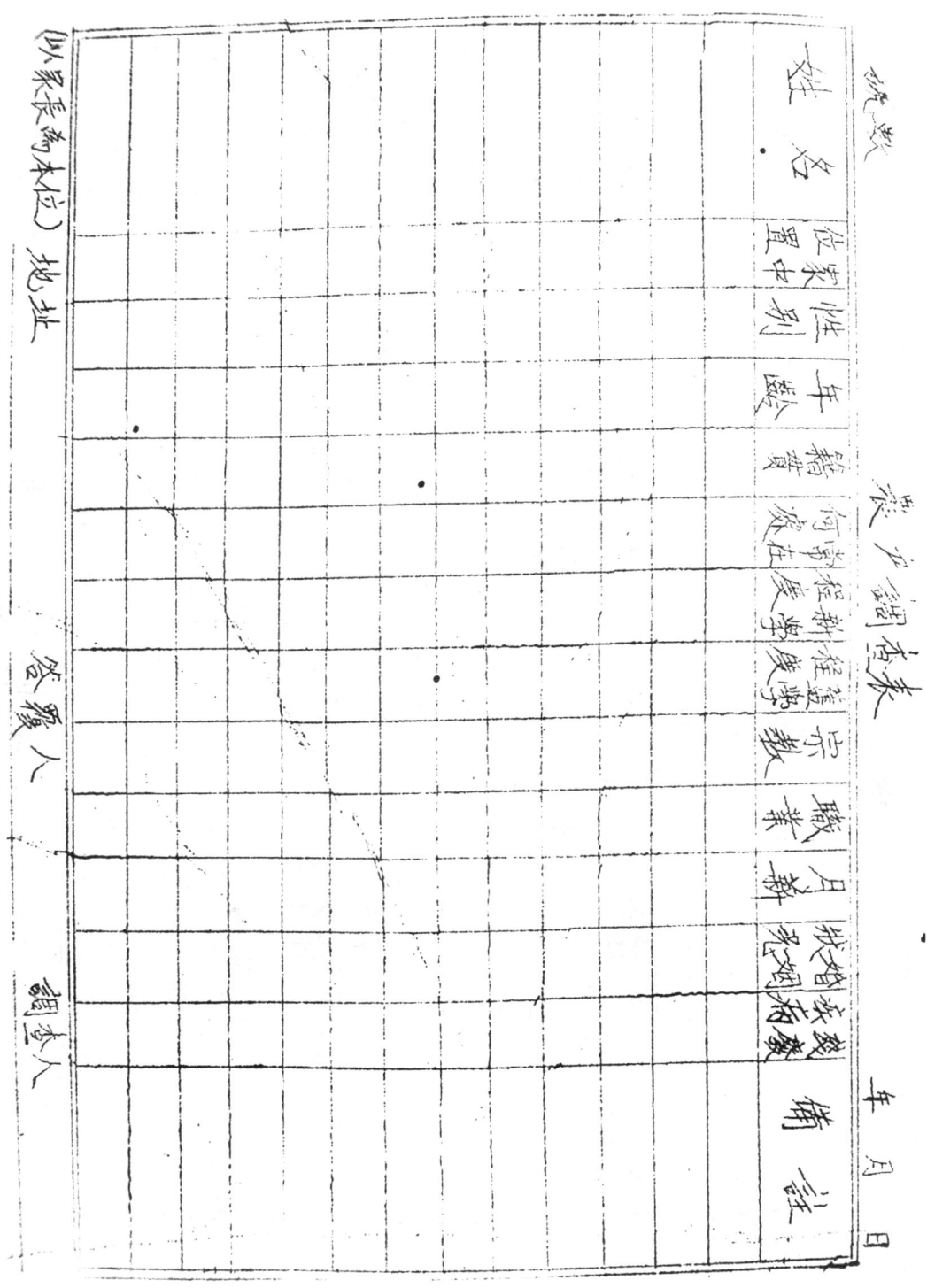

農家經濟調查表

號數　　　　　　　　　　　　　　　　　　　　年　月　日

家長姓名	
住址	
在本村居住年數	
田產畝數	
房屋間數	
有無生意（種類）	
其他財產	
田產價值	
房屋價值	
生意資本額	
其他財產價值	

各種生產費用（年計）	
長工	
短工	
田租	
肥料	
種子	
農具	
農產收入	
傭工收入	
手工收入	
商業收入	
其他收入	

日常費用（月計）	
伙食	
燃料	
房屋租金	
衣服	
兒童教育	
社會應酬	
衛生	
宗教	
納稅	
娛樂	
嗜好	
家庭雜用	

備攷	

答覆人＿＿＿＿＿＿　　　　調查人＿＿＿＿＿＿

第一章 家庭與人口

第一節 姓氏與人口（表二，四）

宗族觀念之深，本來是中國之特點，尤其是富於保守性的鄉村，下渡是不能例外的。下渡其始是何姓一族人聚居，其他的姓氏，是從他處遷從而來的。直至現在．何姓的戶口仍是其中佔最大的數目，而人口也是最多一族之下又分大宗祠，小宗祠、房派等．族中担任職務的人有族長、理事或值理等…族長普通以年齡最大者當之．理事或值理則為耆老們所推舉，有時是各房輪任．其職務是掌握族產，即所謂太公田屋．通常是一年一任．凡族中可以收到的塘租，屋租，田租．利息等．統歸理事管理，而納稅，祭祀，修理族產，村中費用亦由理事支出．太公的數目，本來是要公開，因為理事的任期只是一年，在一年之末，他便要把數目計算清楚，交給下屆．可是通常的理事，慣於營私舞弊，利用公款以濟私人之用途，到交代的時候，數目便糊塗過去，而族人因為重於親情，亦不追究，這是常有的現象．

在於聚族而居底狀況之下，族長和理事的權威是很大的．他們的權不限於財產收支的分配，並且族中糾紛的排解，和不良分子的懲罰，也是他們權勢的範圍．

一族之中有族長，一鄉之中有鄉長、鄉長亦是為各人所公推。有許多時是由族長兼任。何姓擁有人口半數，而又是當地的地主，並且村民的傳統思想很深，凡是由外遷來的人，只可居於客人的地位，村中大事，沒有資格參與。故舉凡下渡的鄉長，紳士，以及操縱全村事業的人，多屬何姓．

七十六戶的統計，共有二十六姓之多，這就是：何、陳、徐、李、區、黎、潘、張、吳、黃、曹、鍾、許、貞、盧、文、朱、蘇、蕭、曾、沈、杜、寧、姚、伍、楊等．何姓有三十四戶，人口有一百九十七，佔總戶口百分之四四．七四．其次是姓陳和姓徐，這兩姓各佔五戶，人口徐姓的有二十五人，陳姓的有二十四人．佔總戶口百分之六·五九·李姓的有三戶，佔總數百分之三·九五·區、黎、潘、張、吳、黃、曹、各佔兩戶·其餘每姓只有一戶·人數除了姓潘和姓曹的各有十人，其餘的每姓人數是在十個以下·從異地遷來每姓的人口是這樣的少·而他們的居住又是暫時的，他們沒有宗祠和族長的設立·

家族姓氏分配表（表三）

姓氏	戶口數目	人數	戶口總數百分比
何	34	197	44.74
陳	5	24	6.59
徐	5	25	6.59
李	3	8	3.95
區	2	7	2.64
黎	2	6	2.64
潘	2	10	2.64
張	2	6	2.64
吳	2	9	2.64
黃	2	6	2.64
曹	2	10	2.64
鍾	1	2	1.31
許	1	2	1.31
貞	1	3	1.31
盧	1	3	1.31
文	1	3	1.31
朱	1	3	1.31
蘇	1	4	1.31
蕭	1	3	1.31
曾	1	5	1.31
沈	1	5	1.31
杜	1	6	1.31
寧	1	6	1.31
姚	1	6	1.31
伍	1	7	1.31
楊	1	9	1.31
總數	76	375	100.00

下渡氏族的狀況已如上述，現在再說家庭人口分配的情形。在表四七十六個家庭中，我們可以找出有十個不同的人口數目。其中最多的每家有十人，最普通的每家有五人，平均每家有四．九三人，最少的是一人。照從前北京經濟討論處的估計，是假定每家為五口，國民黨土地委員會的假定為六口。從近年來各地調查統計的事業看來，中國農村每家人口平均為五．六二人(註)，下渡村每戶人口平均和這個數目相差不甚遠，是常態的現狀。表四所給我們的事實，更可以知道人口在各家庭中的分配也很均勻，有十個人的家庭共有兩個，佔家庭數目百分之二．六三，有五個人的家庭共有十八個，佔總家庭數目百分之二三．六八．一個人的家庭只有一個，佔總家庭數目百分之一．三一，計算起來，每一個家庭中除夫婦而外，還不上三個子女．

家庭人口分配表（表四）

每家人口數目	每類家庭數目	人口總數	家庭總數百分比
1	1	1	1.31
2	8	16	10.52
3	10	30	13.15
4	13	52	17.10
5	18	90	23.68
6	13	78	17.10
7	4	28	5.28
8	3	24	3.95
9	4	36	5.28
10	2	20	2.63
合計	76	375	100.00
每家平均人口數目為4.93			

註二參看古楳：中國農村經濟問題五頁

第二節　家庭的形式

大家庭制度，雖然在中國已有很長久的歷史，張氏九世同居，千古傳為美談。但這不是家家戶戶所能做得到的事。在窮鄉僻壤中，房屋狹窄，生活困難，做家長的，負担幾代子孫的生活費用，不是一件很容易的事。在貧窮的家庭，子女長成，結婚以後，便和父母分居，讓他們自食其力，所以大家庭制度，在小村落是不盛行的。

下渡的家庭形式，據七十六戶口的調查，可以分為獨居，小家庭，和大家庭三大類。而大家庭和小家庭又有二種不同的方式，茲分述如下：

1. 獨居

獨居本來是指一般鰥夫寡婦，無子女或是

與子女分居，和成年的男女未結婚而獨自一人居住的而言．下渡獨居的戶口只有一家．家主是一個窮苦而無子女的寡婦．佔總戶口百分之一．三一．

乙．小家庭　所謂小家庭者，其中份子是包含着夫婦和未結婚的子女，這類的家庭有五十三個，佔總戶口百分之六九．七四．其中又可以分為三小類：

(1)夫婦和子女的　這是指一般家庭中，除夫婦以外，還有子女同居的，是最完滿的家庭．在五十三個小家庭中，這類的家制有四十二個，佔總戶口百分之五五．二七．

(2)夫婦的　這是指婚後未有子女，或無子女，或和子女分居的．這樣的家庭有六個，佔總戶口百分之七．

八九．

(3)母與子女的 這是指一般寡婦與子女同居的．這類的家庭有五個、佔總户口百分之六．五八．

由這三類小家庭看來，我們可以知道父母與子女同居的佔最多，其次是夫婦的，再其次是母與子女的．父與子女同居的是沒有．大概因為妻子死了，丈夫可以馬上續娶，但丈夫死了，妻子重婚的機會很少的原故．據調查所得，知道沒有子女而只是夫婦同居的，幾於完全是退伍的殘廢軍人．夫婦的年齡總在三十歲以上．由此我們更可想到一般軍人的體康問題．

3.大家庭的 這類家庭，除夫婦子女外，還包含其他親屬如家主的父母，岳母，妾，兄弟，姊妹，媳婦，姪、孫、育女、媳妹、弟婦、孀婦等。這類的家庭共二十二個，佔總戶口百分之二八．九五，其中又可分為兩小類：

（1）兩代同居的　兩代是指父母與子媳而言。其中有些是沒有父親而只有寡母的也計算在內。兩代同居的有兩種情形：一是因為兒子早婚，經濟未能獨立，生活費用，還要待父母供給，媳婦年幼，沒有治家的經驗，要暫時的跟着翁姑同居，這是比較富有的農戶佔多數；一是父母年老，不能夠自己過活，要靠着子媳為生，為了家庭經費的節省，便和子媳居住。這類的家庭共有十七個，佔總戶口百分之二二．三七。

（2）其他　這是指除家主的父母外，還有其他的親屬同居．這類的家庭有五個，佔總戶口百分之六．五八．下渡村所謂大家庭的，多數是家庭中只有多了一個守寡的母親或是守寡的岳母．大家庭中份子的名稱雖然複雜些，若是我們拿來和父母子女同居的小家庭比較，人口往往比不上小家庭的那麼多．在七十六個家庭之中，真正的大家庭，實在可說得只有九個．（參見表五）

家庭形式（表五）

家庭種類		每類家庭數目	百分比	
獨居	女（寡婦）	1	1.31	
小家庭	夫婦子女	42	55.27	69.74
	夫婦	6	7.89	
	母與子女	5	6.58	
大家庭	兩代同居	17	22.37	28.95
	其他	5	6.58	
總數		76	100.00	

第三節 與家長同居親屬

表六

在七十六個家庭中，和家長同居的人的關係，我們可以找出：妻、子、女、父、母、岳母、妾、媳、弟、弟婦、姊、姪、媳、妹、甥女、男孫、女孫、女傭等十七種。其中子女的數目佔最多數，子有一百零五人，佔人口總數百分之二八．○○；女有七十六人，佔人口總數百分之二○．二七；妻有六十七人，佔人口總數百分之一七．八六；男家主六十九人，佔人口總數百分之一八．四○；女家主七人，佔人口總數百分之一．八七，夫婦子女是家庭中的主要分子，人數共有三百二十四，佔總數百分之八六．四〇．其他十三種關係的人，所佔數目只及人口總數百分之一三．六〇．男耕女織，克勤克儉，是中國農村社會治家的法規，這種精神還保持到現在、從表六中，我們可以見到和家主同居的其他親屬，在成年人方面，最佔多數的是年輕的媳婦和年老的母親．他們寄養於人的原因，是沒有經濟獨立的能力，不能自給，其餘便是未成年的小孩子．有自立能力的男女，都自己去組織家庭．因為鄉村人民，多以農為業，他們只要自己肯勞力，便不愁沒有工作．小孩子也可以替人家看牛和割草：他們生活簡單，衣不求華貴，食不求珍美，人人能夠生產，小小的家庭是可以維持得來的．依附他人而生活的親屬種類雖多，但數目不大，由此我們可以想到鄉村人民自立自給的精神．

現在的社會是男性中心的社會，從各方面來看，都可以見到男子的威權是高於一切的．下渡也是一樣的情形．在七十六個家庭中，男家主的有六十九個，而女家主的只有七個．即是說在七十六個家庭中，有六十九個家庭的權是操之男子之手，而只有七個是操之女子的手．這七個女家主完全是寡婦，她們的丈夫死了，自己領着子女出來工作，維持家庭生活，倘若一個家庭中，大夫是存在的，則一家的最高權力，必操之於丈夫之手．

多妻制度，雖然風行於中國有二千多年的歷史．男子能有三妻四妾，是認為一件體面的事．但這種風習，下渡並不普遍，在七十六個家庭中，納妾的只有一人．

這個家庭的情形，是夫婦年逾四十，只生了一女而沒有兒子，為了遵守聖賢「不孝有三，無後為大」的遺訓，這是納妾的原因。他底妾侍才十八歲，比女兒大三年。中國納妾的風氣這樣盛行，而下渡船不習染。原因是下渡村民，素崇儉樸，若家有餘資，也留回作兒女婚嫁和養老之用，除了因為欲解決子嗣問題而納妾外，鄉中人多數不願意納妾的，而且認妾侍是奢侈的東西。

女傭的數目只有兩個，而還有一個是給食用而不給工資的。僱請傭婦使喚的實在只有一人，這可見鄉民的儉樸。

家長同居親屬數目及百分比（表六）

家長同居之親屬	人數	百分比
男家主	69	18.40
女家主	7	1.87
妻	67	17.86
子	105	28.00
女	76	20.27
其他		
父	2	.53
母	8	2.13
岳母	3	.80
妾	1	.27
媳	11	2.93
弟	1	.27
弟婦	1	.27
姊	1	.27
姪	2	.53
媳妹	1	.27
育女	2	.53
男孫	7	1.87
女孫	9	2.40
女傭	2	.53
總數	375	100.00

第四節 年齡與性別的分配（表七、八、九）

從一個社區來說，人口的增減，從該地居民年齡方面可以計算得出來．因為出生率是受生育時期人數多寡所影响的．將來的生育率又受將來生育人數多寡的影响．將來生育的人數即現今的兒童人數，換言之，將來的生育率，即受現今兒童的影响．同時，該地的年老人過多，則死亡率即被提高，而人數為之減少．根據這個原理，人口學家孫柏格（Sundbarg）把人口的年齡來分析，以推測人口將來之增減．分析的方法，是把人口根據年齡分成三組（見表上）：即零至十四，十五至四十九，五十及五十以上三種．第一組是幼年期，第二組是生育年齡期，第三組是老年期．孫氏的意思，以為在常態人口狀況之下，第二組的人數應佔百份之五十．人口的增減，即視第一組和第三組的人數的差分如何：若幼年組人口百分數高則為進步式，幼年人口百分數低則為退步式，介乎二者之間則為穩定式（註二）。

現在把下渡的三百七十五人的年齡，依照孫氏的理論和方法，分為三組如表八。幼年組共有一百五十八人，佔人口總數百分之四二．一三，壯年組共有一百八十一人，佔總人數百分之四八．二七，老年組共三十六人，佔總人數百分之九．六0。我們試把表八和表七比較，便可以見到其三組的百分比是和孫氏所假定的人口百分數進步式很相近，而幼年組的百分比比孫氏所假定的高，老年組比孫氏所定的少。這樣即表示下渡的人口在

註二 參見社会学界第八卷民二十三年版趙承信著人口年齡性别分配之分析

增進之中。

孫氏年齡分析表（表七）

年齡組別	人口百分數		
	進步式	穩定式	退步式
0－14	40	33	20
15－49	50	50	50
50以上	10	17	30

年齡分配表（表八）

年齡組別	人數	百分比
0－14	158	42.13
15－49	181	48.27
50以上	36	9.60
總數	375	100.00

年齡的分配已如上述，現在再從每組中加以性別的分析見表九），在幼年組的百分之四二．一三中，男性佔二二．九三，女性佔一九．二〇；在壯年組的百分之四

八·二七中，男性佔二二·六七，女性佔二五·六〇；在老年組的百分之九·六〇中，男性佔四·〇〇，女性佔五·六〇。幼年期是男子多於女子，壯年期是女子多於男子，老年期也是女子多於男子。據生命統計的研究報告說，一個常態社會的人口，初生的時候，男性總比女性多，但男嬰兒死亡率常高於女嬰兒的，因此年齡愈高，兩性比例愈趨平衡。到中年期，女性因產育的危險，死亡率稍高，這時男性或多於女性。到了老年，男子因在外工作，所遇的危險比較多，兼之婦人的壽齡是普通比男子高，因此女性又稍多於男性。下渡的人口性比例情形也恰如一樣，但在壯年期間，下渡的人口兩性比例和生命統計的研究報告有點差異，即在壯年期女子的

男女年龄分配表
（表.九）

年龄组别	男		女	
	人數	百分比	人數	百分比
0-14	86	22.93	72	19.20
15-49	85	22.67	96	25.60
50以上	15	4.00	21	5.60
總數	186	49.60	189	50.40

第五節　人口的遷移

表十

下渡人口的遷移可分為兩方面：一是從村裏遷出，一是從異地遷入。農村人口減少，都市人口增加，農民離村，已成為中國今日社會問題中之重要問題。但下渡這個趨向不大。因下渡離城不遠，往返只費一二小時的時間，村民重去其鄉土，若是沒有羈留於都市的必要，多是朝去暮歸。他們去都市，是因家族增大，土地缺乏，耕地面積減少，為了維持家庭生活，便走去都市作僱傭，或經營小生意，或作小販而兼農事，他們和鄉土的關係仍然很密切，不似四邑的人，去了金山，南洋便許久也不回家，他們離鄉只是暫時的，並且兩地往還，很難有計算。

從異地遷來的人數是很複雜，有從各縣遷來的，有從外省遷來的．因為在下渡附近有殘廢軍人教養院的設立．．所以外來的人，許多是退伍的殘廢軍人．從表九中我們可以看見下渡居民的來源，是如何的複雜．下渡本屬番禺縣，所以居民是以番禺一縣為最多．人口數目共二百三十九人，家庭數目共有四十四個，佔總戶口百分之五七．八九．其次是清遠和南海，清遠的共十九人，戶口有五家，佔總戶口百分之六．五八．南海的共有十八人，戶口有五家，佔總戶口百分之六．五八．增城羅定各三戶，佔總戶口百分之三．九四．外省遷來的所佔人口更少．

居民籍贯分配表
（表十）

籍贯	家庭數目	人數	百分比
番禺	44	239	57.89
清遠	5	19	6.58
南海	5	18	6.58
增城	3	20	3.94
羅定	3	15	3.94
花縣	2	7	2.63
東莞	1	6	1.31
台山	1	6	1.31
欽縣	1	2	1.31
瓊山	1	2	1.31
博羅	1	2	1.31
順德	1	5	1.31
三水	1	3	1.31
惠陽	1	7	1.31
湖南	2	7	2.63
四川	1	9	1.31
江西	1	2	1.31
廣西	1	4	1.31
未詳	1	2	1.31
總數	76	375	100.00

第二章　家庭經濟

第一節　收入狀況（表十一，十二，十三）

計算下渡經濟的收入，以家庭為單位．根據入息的多寡，現在把七十六個家庭分為十一組，每組的組距為九十九元九角九分．第一組的收入是在一百元以下，第十一組的收入是在一千元以上．收入在一百元以下的有兩家，在一千元以上的有一家．以收入在三百元至三百九十九元九角九分的為最多數，共有二十二家，其次是收入在二百元至二百九十九元九角九分的，共有二十家，兩類家庭合共四十二戶，佔全家庭數目百分之五五．二六．收入在一百元以下的這兩個家庭是沒有正業的，沒有休庸費用的支出．兩個家庭收入的實際數目共一百二十元，這便是每年兩家純收入的總數．平均計算，每家每年的收入是六十元．每家平均人數為一．五，每人每年收入為四十元．收入等級在二百元至二百九十九元九角九分的二十家，每年總收入的實際數目是四千九百零．元，但每年休庸費用的支出為一百元零五角，除生庸費用外，每年純收入為四千八百元零五角，每年每家平均收入為二百四十元零二分，每年每人平均收入為五十七元一角四分．收入等級在三百元至三百九十九元九角九分的二十二家每年總收入的實際數目是七千五百九十六元，每年生產費的支出為二百四十五元，除生產費外，每年純收入為七千三百五十一元，每家每年平均收入為三百三十四元一角三分，每年每人平均收入為六十三元九角二分．收入等級在一千元以上的一家的總收入實際數目是一千二百六十四元，因為沒有生產費用的支出，一千二百六十四元的數目便是每年的純收入．這一家的人數有九人．每年每人平均收入為一百四十元零四角四分．七十六家的全年總收入為二萬五千五百八十六元，全年生產費用的支出為一千一百四十八元七角，除生產費用外全年的純收入為二萬四千四百三十七元三角，每家全年平均的收入為三百二十一元五角四分，每人每年平均收入為六十五元一角六分（參見表十二）。這六十五元一角六分的收入是一個人一年中的衣食住行一切生活費用所由出的，並且這個只是平均計算的數目，村中大多數人的收入是在這個數目以下的，他們生活的困難，由此可知了。

家庭經濟收入的多寡，和家庭人口數目有很密切的關係。從表十一每家平均人數這一項來看，便知道每個家庭每年純收入的數目恰與人數成正比例。比方人數為五人以下的家庭，其收入最多為二百四十元，六人以下的，其收入不及四百元，但九人的家庭，其收入則達七百元以上，甚至千元以上。由此我們可以下一個定論；即是人數愈多，收入的數目也愈大。大概在農村社會中、不論男女老幼，個個都是生產者。人多生產，則收入愈大。但從他方面來看，也可以說家庭經濟愈豐裕，人口增加率也愈高，因為有錢人家的兒女多是早婚，早婚的結果是提早生育年期，所以生產率也隨着高了。

收入數目表

（表十一）

收入等級	每類家庭數目	人數	每家平均人數	每類家庭每年總收入	每類家庭每年總生產費用	每類家庭每年純收入	每家每年平均收入	每人每年平均收入
$100以下	2	3	1.50	$ 120	$ —	$ 120.00	$ 60.00	$ 40.00
100-199.99	11	38	3.45	1429	40.00	1389.00	126.27	36.55
200-299.99	20	84	4.20	4901	100.50	4800.50	240.02	57.14
300-399.99	22	115	5.22	7596	245.00	7351.00	334.13	63.92
400-499.99	8	42	5.25	3438	328.00	3110.00	388.75	74.04
500-599.99	7	47	6.71	3162	166.00	2996.00	428.00	63.74
600-699.99	3	19	6.33	1936	118.00	1818.00	606.00	95.68
700-799.99	—	—	—	—	—	—	—	—
800-899.99	1	9	9.00	840	103.20	736.80	736.80	81.56
900-999.99	1	9	9.00	900	48.00	852.00	852.00	94.66
1000以上	1	9	9.00	1264	—	1264.00	1264.00	140.44
合計	76	375	4.93	25586	1148.70	24437.30	321.54	65.16

平均每家每年總收入為三百三十六元六角五分

平均每家每年生產費用為一十五元一角一分

七十六家的總收入，合計有二萬五千五百八十六元，收入的來源可分為：農業收入，傭工收入，手工收入，商業收入，及其他收入五項。在一個農村社會裏，經濟的來源，本應以農業佔最大，但是據下渡村的調查，卻以傭工的收入佔第一位，而農業反居第二位。其原因大概有二：一是近年來農產物價低廉，所收穫的不償其本，是以許多資本支絀的農民，或改業作小販，或受僱於他人。其次是十九路軍的退伍軍人所佔的數目頗大，按殘廢軍人教養院設於本村。他們每月有撫卹金，不須以農作為活，因此下渡的農業收入便少。商業收入包含到廣州市作小販的，或在家庭營小買賣的。這裏有一家人，只賣白粥和炒粉炒麵，供退伍軍人的茶點，聞說每月可獲利數十元。手工的收入有縫衣，顧繡，毛巾和線衫的織造，做這項工作的人，以殘廢軍人和婦女為多，因為軍人教養院設有紡織工作，比較勤儉的退伍軍人，回院工作，每月可得工資十餘元。其他收入是指某種收入不包含在農業，傭工，手工，及商業各種收入之內的零

見表十二。

各種收入數目表
（表十二）

收入種類	收入數目（年計）
傭工收入	$ 9520
農產收入	5614
商業收入	3239
手工收入	3168
其他收入	4045
合計	25586

農業生產費用分為長工，短工、田租、肥料、種子、農具六項。其中以田租一項所佔費用最大。田畝的租值小等，看其買量之肥瘦和佃農與田主之關係而定。其次是肥料，他們所用的肥料以糞為最多，除外還有稿稈灰，豆餅，花生餅，化學肥料之類。其次是短工，農夫耕種，終歲勤勞，沒有休息的時間，而在播種和收穫的時間農事是特別地忙碌，那時便要請短工來工作。短工的僱請，有些是以日計的，也有些是以月計的。若耕種田畝不多的農家，是不僱請長工的。各種農產的品物，多是自己留種，不須向別人購買，所以種子費用一項的支出甚少。農具如犁耙，鋤頭，箩，籮等物，大概可用幾年，有些還可用十幾年，但常常要修理（參見表十三）。

農業生產費用分配表
（表十三）

種類	銀數
長工	$68.00
短工	136.20
田租	687.00
肥料	165.50
種子	40.50
農具	51.50
合計	1148.70

第二節

生活費用的分配（表十四，十五，十六）

根據表十二的計算，每家每年純收入最多的是一千二百六十四元，最少的是六十元，平均數是三百二十一元五角四分。一切生活費用，都是由這個數目支出。生活費用支出，可分為：衣，食、住、燃料，教育、衛生、雜項七項，茲分述如下：

1.衣——村民服飾簡單，只求暖體，不講美觀。他們一件衣服，可以穿得十幾年。若是布料較為貴重的，幾乎可以穿着一生。孩子們所穿的衣服，多是把大人的來更改，因為小孩子體高增加得很快，若不是有喜慶事情，他們沒有漂亮的衣服。所以在衣服一項，在生活費用中，所佔的數量很少。在每年平均收入為六十元的家庭，衣服支出際佔六角。佔總支出百分之〇．七五．這一類的家庭平均人數是一．五，若以個人來計算，則每人每年的衣服費用際有四角。在每年平均收入為一千二百六十四元的家庭中，衣一項佔六十元．佔支出總數百分之六．一〇．如以個人計算，則每人每年的衣服費用是六元六角有奇。七十六家總平均每家每年衣服費為十四元五角三分，佔總支出百分之五．一二．

乙．食——食物一項佔生活費用最大，因為無論貧富，食物只有質的不同，量是不能減少的。在每年平均收入為六十元的家庭中，食物一項佔六十元這種家庭要負債，佔總支出百分之七五．一九。若以個人計算，每人每年食用為四十元；每月食用為三元三角；若以一日兩膳算，每膳僅值五分五厘。這樣的食物，實在不能裹腹，更沒有什麼滋養料可說。在平均收入為一千二百六十四元的家庭，食用佔六百元，佔總支出百分之六○．九七，每人為六十六元六角，每人每月為五元五角五分．以七十六家來計算，每家每年食用為二百一十六元六角八分．佔總支出百分之六八．六四．每人每年食用為四十三元九角五分，每月為三元六角六分．

3.住——屋租一項，從表十二來看，愈有錢的人家，屋租的費用愈少．在收入少的家庭，他們故然無力支付大量的屋租，而在富有的家庭，他們自己有房屋，又不須租賃．所以屋租數量佔最大的是收入在二百至三百元的家庭．三百元以上的便逐漸減少．至有八百元收入的家庭便無屋租一項的支出．房屋租值，普通的一間房每月一元，較大的便一元半．整間屋為四元至六元．有些窮苦的人家，因為沒有能力租屋的原故，便只租錢方尺的空地，自己用茅草作上蓋，這樣每年也要一二元．

4.燃料——從七十六家的調查，許多家庭是沒有這一項的支出．因為在村落中，遍地都是茅草、樹葉，樹枝、樹皮．閒暇的時候，鄉人便拾回作燃料之用．但有些人家，因為工作過忙，無暇出外執拾，也不能不購買．七十六家平均計算，燃料一項，際佔百分之五．八九．

5 教育——根據教育狀況的調查，這七十六家兒童入學的百分數頗高．但平均教育費用際佔總支出百分之二．三八．查其原因，這裏的兒童有許多是在下渡小學讀書的．下渡小學所收的學費很廉，而貧家子女是由嶺南大學的教授夫人和學生供給．

6 衛生——這項包含一切健康、醫藥、衛生設備的費用．在各項數目中，衛生這一項所佔的數目最少．佔總支出百分之〇．五八．這並不是鄉村因為人的健康特別優越，不過他們有疾病的時候，輕則任其自愈，重則祈神求藥．或有些到嶺南醫院診視的，但所收的醫藥費極少．

7.雜項——雜項包含家庭雜用，宗教，應酬，嗜好，娛樂等費，還有稅捐的一部份也在內．因為在調查表中，有稅捐一項填寫的只有三幾家．數目既然這樣少，所以便把他併合在雜項內計算．雜項一項的計算，很難下一標準．比方冬年時節的費用，和親友來往應酬．本來可歸入宗教和社會應酬各項的．但是如做冬做年做節和慶祝神誕等吃大餐，有些人便把這項費用歸之於食用，有些人把他歸入宗教和社會應酬．又如小孩子買多少涼茶，有些人把這項費用列入家庭雜項，有些人卻把牠併入衛生一項。所以每一項費用都是隨着家庭收入的等級順次增減，而雜項是沒有一定就是這個原因。雜項在總支出的數目居第二位。七十六個家庭中共計有二千六百四十七元六角，佔總支出百分之一十四參見表十四，十五，十六

生活費用分配(表十四)

收入等級	收入總數	家庭數目	人數	每類每年費用總數							支出總數
				衣	食	住	燃料	教育	衛生	雜項	
$100以下	$120.00	2	3	$1.20	$120.00	$7.20	$6.00	$—	$—	$25.20	$159.60
100-199.99	1429.00	11	38	77.60	1224.00	144.00	69.00	15.60	6.00	93.00	1629.20
200-299.99	4901.00	20	84	231.00	3604.00	141.60	231.60	144.00	37.20	497.80	4887.20
300-399.99	7596.00	22	115	339.60	5208.00	374.40	301.20	112.80	79.20	673.00	7088.20
400-499.99	3438.00	8	42	138.00	2004.00	192.00	96.00	75.60	30.00	467.40	2923.00
500-599.99	3162.00	7	47	138.00	1824.00	114.00	90.00	32.40	6.00	294.20	2498.00
600-699.99	1936.00	3	19	52.80	1008.00	24.00	54.00	—	13.20	277.80	1429.80
700-799.99	—	—	—	—	—	—	—	—	—	—	—
800-899.99	840.00	1	9	30.00	564.00	—	14.40	16.80	9.60	37.20	672.00
900-999.99	900.00	1	9	36.00	312.00	—	36.00	55.20	—	78.00	517.20
1000以上	1264.00	1	9	60.00	600.00	—	120.00	—	—	204.00	984.00
總數	25586.00	76	375	1104.20	16468.00	917.20	1018.20	452.40	181.20	2647.60	$12788.80

生活费用平均分配表（表十五）

收入等级	每家平均收入	家庭数目	人数	每类每年平均费用							平均支出
				衣	食	住	燃料	教育	卫生	杂项	
$100以下	$60.00	2	3	$0.60	$06.00	$3.60	$3.00	$—	$—	$12.60	$79.80
100-199.99	126.27	11	38	7.05	111.27	13.09	6.27	1.36	0.54	8.45	148.03
200-299.99	240.02	20	84	11.55	180.20	70.80	11.58	7.20	1.86	24.89	308.08
300-399.99	334.15	22	115	15.43	236.72	17.02	13.67	5.13	3.60	30.60	322.19
400-499.99	388.75	8	42	17.25	225.50	14.00	12.00	9.45	3.75	58.42	340.37
500-599.99	428.00	7	47	19.71	260.57	16.28	12.86	4.63	0.86	42.03	356.94
600-699.99	606.00	3	19	17.60	336.00	8.00	18.00	—	4.40	92.60	476.60
700-799.99	—	—	—	—	—	—	—	—	—	—	—
800-899.99	736.90	1	9	30.00	564.00	—	14.40	16.80	9.60	37.20	672.00
900-999.99	852.00	1	9	36.00	312.00	—	36.00	55.20	—	78.00	517.20
1000以上	1264.00	1	9	60.00	600.00	—	120.00	—	—	204.00	984.00
平均	321.54	76	375	11.53	216.68	12.06	13.47	5.95	2.38	34.83	297.55

每家生活費用支出百分比（表十六）

收入等級	家庭數目	人數	每類每年支出之百分比							合計
			衣	食	住	燃料	教育	衛生	雜項	
$100以下	2	3	0.75	75.19	4.51	3.76	——	——	15.79	100.00
100–199.99	11	38	4.76	75.17	8.84	4.24	0.92	0.36	5.71	100.00
200–299.99	20	84	3.75	58.49	22.99	3.76	2.33	0.60	8.08	100.00
300–399.99	22	115	4.79	73.48	5.29	4.24	1.59	1.12	9.49	100.00
400–499.99	8	42	5.07	66.25	4.10	3.53	2.27	1.10	17.17	100.00
500–599.99	7	47	5.52	72.94	4.56	3.70	1.28	0.24	11.76	100.00
600–699.99	3	19	3.69	70.50	1.69	3.77	——	0.92	19.43	100.00
700–799.99	——	——	——	——	——	——	——	——	——	——
800–899.99	1	9	4.46	83.93	——	2.14	2.50	1.43	5.45	100.00
900–999.99	1	9	6.96	60.33	——	6.96	10.67	——	15.08	100.00
1000以上	1	9	6.10	60.97	——	12.20	——	——	20.73	100.00
合計	76	375	5.12	68.64	3.39	5.89	2.38	0.58	14.00	100.00

第三節

收入與支出比對（表十七）

據調查所得，下渡七十六家人的純收入和總支出，在表十五已計算了出來，現在再把這兩個數目來比對一下：

每年收入在一百元以下的家庭，其收入平均實數為六十元，支出為七十九元八角，支收相比，不敷數為一十九元八角．每年平均收入為一百二十六元二角七分的家庭，支出為一百四十八元零三分，不敷數為二十一元七角六分．每年平均收入為二百四十元零二分的家庭．支出為三百零八元零八分，比對不敷數為六十八元零六分，每年收入在四百元以上的家庭才可以支持生活費用，現在把七十六個家庭的數目平均起來，其收入數目為三百二十一元五角四分，支出為二百九十九元八角五分，兩項數目相比對，每家平均尚盈餘二十一元六角九分（參見表十七）。

收入與支出比對表

（表十七）

收入等級	家庭數目	人數	每家平均收入	每家平均支出	盈餘或不敷數
$100以下	2	3	$60.00	$79.80	-$19.80
100-199.99	11	38	126.27	148.03	-21.76
200-299.99	20	84	240.02	308.08	-68.06
300-399.99	22	115	334.13	322.19	11.96
400-499.99	8	42	388.75	340.37	48.38
500-599.99	7	47	428.00	356.94	71.06
600-699.99	3	19	606.00	476.60	129.40
700-799.99	0	0	—	—	—
800-899.99	1	9	736.80	672.00	64.80
900-999.99	1	9	852.00	517.20	334.80
1000以上	1	9	264.00	984.00	280.00
平均	76	375	321.54	299.85	21.69

第三章 職業

第一節 職業的類別

職業的調查，是以個人為單位，就各人所操之業之名稱而分類。根據調查三百七十五人所得的結果，可分為：農、工、商、學、政、軍警、小販、拉車、理髮、做鞋、顧繡、車衣、傳教、職員、織毛巾、砌磚、學徒、穩婆、造鷄毛掃、割草、織竹器、及無職業等二十二種。除了學和無職業的以外，其中以業農的為最多數，共計有四十一人，男子二十四人，女子十七人，佔人口總數百分之一〇．九三；其次為工人，共計有三十六人，佔人口總數百分之九．六一；再其次為顧繡，共計二十人，佔人口總數百分之五．三三；其餘有許多職業如軍警，理髮，穩婆，割草，印磚，學徒等，也有一人．參看表十八)

職業分配表

(表十八)

職業種類	人數			百分數		
	男	女	共	男	女	共
農	24	17	41	6.40	4.53	10.93
工	24	12	36	6.40	3.21	9.61
商	8	—	8	2.13	—	2.13
學	42	32	74	11.20	8.53	19.73
政	1	—	1	0.27	—	0.27
警	1	—	1	0.27	—	0.27
小販	8	5	13	2.13	1.33	3.46
拉車	4	—	4	1.07	—	1.07
理髮	1	—	1	0.27	—	0.27
做鞋	2	2	4	0.53	0.53	1.06
顧繡	—	20	20	—	5.33	5.33
車衣	2	1	3	0.53	0.27	0.80
傳教	—	2	2	—	0.53	0.53
職員	2	—	2	0.53	—	0.53
織毛巾	6	—	6	1.60	—	1.60
印磚	1	—	1	0.27	—	0.27
學徒	1	—	1	0.27	—	0.27
穩婆	—	1	1	—	0.27	0.27
造雞毛掃	—	1	1	—	0.27	0.27
割草	—	1	1	—	0.27	0.27
織竹器	—	2	2	—	0.53	0.53
無職業	59	93	152	15.73	24.80	40.53
總數	186	189	375	49.60	50.40	100.00

第二節　各項職業狀況說明

農業一項，包括自耕農，佃農，僱農．在僱農中，許多是兼有他種職業的．因為除了少數耕種很大的人家外，其餘是不請長工．短工的僱請，只有在於農忙的時間，一年大約三四個月．其餘的時候便做別種工作．業農的是無分男女，大概男子所能做的工作，女子也沒有不能的．不過在一個家庭之中，粗重而過於勞苦的工作，都讓男子先做．

商業是小資本的，其所售賣的東西，以食物，酒米，雜貨，及日常用具為多，有些連伙伴也不須僱請．商店便是住家，合妻子兒女便可以料理店中一切事務．

做小販的男女都有，他們所營的買賣，許多都是把鄉中出產的東西，帶到城市去賣，又把所得的金錢，在城市購買鄉中所需要的東西回去．他們的入息頗好．

以拉車為活的人，工作地點有些在本村，有些在嶺南大學，他們的生活，沒有像廣州市的人力車伕的生活這樣辛苦，而所得的也不須經車伕頭的剝削，其中有一個還自有其車．

顧繡完全是婦女的工作，各種職業之中，婦女數目，以顧繡的人為最多．因為這種工作輕便，不須資本，當工作的時候，又可兼顧兒女，廣州市狀元坊是顧繡發行的地方，她們的工作原料，就是從這裏取回．所繡的是戲服，禮服，枱圍，椅搭，帳帷，羅傘，御扇等物．

車衣，織毛巾，造鞋三種職業，男子所做的，是殘廢軍人教養院的工作．

傳道的有二人，她們都是受僱於嶺南大學女道會的，其中有一個是寡婦，十二年前，她的丈夫在嶺南修理屋宇，先是墮地而死．她有子女各一，丈夫死後，無以為生，女道會和青年會因憐其苦遇而用之．她所住的屋也是青年會所給與的．這二人所做的工作，每星期到嶺南大學植青年會和女道會送報告，有暇的時候則向鄉民宣講道理，但傳道可說是沒有收效．

織竹筐這家人生活很苦，所得的入息甚微，他們的皮膚因為被竹刺的磨擦，整雙手滿了裂痕，有時還染上

而讀．

沒有職業的人數共一百五十二，佔總人數百分之四〇．五三．這個數目看來似乎很大，但是其中有一大部份是沒有讀書的小孩子和殘廢軍人，還有一部份是婦女．這一部份婦女，她們並不是賦閑在家的，料理家務之餘，她們還去幫助她們的丈夫工作，不過她們對於一種職業是沒有專責吧．無業的婦女實在比無業的男子勤勞得多．

從表十八這二十二種職業來看，雖然有許多種只有男子去幹而沒有女子的，也有許多種是只有女子去幹而沒有男子的，但是那些普通的職業如農，工，商等，男女都是一樣地去幹．這可見下渡關於職業方面，沒有歧視婦女，如機關和學校的職員，政界，軍警等職，這是婦女沒有能力去幹，就是男子操這種職業的，為數也很少。

第四章 農業

第一節 農業經營法

在土地制度私有，經濟崩潰的農村社會，農業的技術，自然不會有用機器作大規模的經營。現在下渡耕種的方法，還是靠着人力和畜力，所用的農具，構造簡單．效率低微，因循傳習，和中古時代的相去不遠．根據調查所得，下渡農具，主要的有下到幾種：

第一．翻地用的，有耕牛，犁，鐵耙，三齒鐵耙，田蕩，鋤，犁板等．

第二．在農產品種下至長成的期間所用的有水車，鏈，木桶，水篦等．

第三．收穫及搬運用的有筐，籮，簍，鐮刀等．

第四．用於調製穀類的農具有簍，箕，簸，疏篩，密篩，風櫃，圍，竹搭，竹耙，木勒，箒，石佃等．

第五．用於農夫自身的有草笠，蓑衣，箬帽，草鞋等．

上述各種農具，都是農家所必須的．農夫從事耕作，必須經過犁泥，鋤土，蓄水，施肥，下種，栽秧，除草，灌溉等程序．除了犁泥用耕牛之力外，其餘一切都是用人力去做的．至農產品成熟，收穫和運輸，也無不是藉賴人力。

　在小農業經營狀態之下，資本缺乏，農具是不能改進，且過於小的碎裂地，也不能應用較為進步的技術。農業技術的衰落，使生產效力低微，社會生產關係停滯，農村經濟無法進展，農民是不能不墜於貧乏的水平線下。

　關於灌溉方面，因為下渡位近珠江，水利很好。近江的一帶田畝，都有渠道透出珠江。江水的入口處有水閘。潮水長的時候，開了水閘，便可通水入田。如遇雨量過多，便可乘潮水退的時候，開了水閘，把水放出。距離珠江較遠的田畝，除了天水的灌溉之外，是靠附近的蓄水池取水灌溉。所以這裏的農民，很少受天旱水災的損失。

耕種所施的肥料，仍未脫離我國的老經驗和舊習慣。歐美各國所用的化學肥料，雖經社會一般人士的鼓勵和介紹，而本省也有肥田料的製造。但下渡農民所用的多為自然肥料。其中主要的是人糞和畜糞。據一般農民說，化學的肥料為效遠不及自然的肥料，用化學肥料所種出來的菜也煮不爛的，生菜也沒有甜味的，就是米煮成飯也沒有膠的。這雖然是一般農民的偏見，也未必完全沒有事實。因為農民的種植方法，是靠其祖宗所遺留下來的經驗，對於一切農事，只知其然而不知其所以然。沒有科學知識，於化學肥料的成分和施用的方法，本來就不知道，看見了充斥於牆上的各種肥料商標，聽信宣傳，使貿然採用。或因施用的成分不合，或因土壤的性質不合，故施用化學肥料，致使土地枯竭，阻礙農作物之發育，這種事情是有的。所以下渡的農民，是一向依其舊有的經驗，定時下種，定時施肥，以人糞為最珍貴的肥料。所以耕種的人家，常有灰屋或灰池之設，或在郊外設糞缸，以為藏糞之用。這種肥料，多由都市購買，用船載回，因為自己的鄉村供給不足。畜糞的獲得，是由兒童和婦女在閒暇的時候隨道路執拾，也用勞力不少。

第二節　耕種的時候

下渡的主要農產品是禾稻、菜蔬，其次是瓜菜。稻每年成熟二次，在每季下秧和收穫的時候，農民便異常忙碌。瓜菜菜蔬的種植，四時不同。冬天的時候，農民多植蘿蔔，芥蘭，波菜，召菜，椰菜，白菜，白菜心，芹菜，葱、蒜，芥菜，生菜，荷蘭豆等。菜品的收成有甘蔗，柑，桔，橙等。春天的時候多植薑、芋、葛，莧菜，冬瓜等，夏天的時候，多植節瓜、苦瓜、絲瓜，豆角等，菜品的收成有葡萄，桃，荔枝等。秋天的時候多植番薯，茨菇、蘿蔔。菜品的收成有番石榴，楊桃，龍眼，黃皮，番鬼荔枝，香蕉，雞心柿，碌柚等。

稻的耕作，分為早晚二造，其品種屬早造的有黃殼白粘，小糯，花壳等。屬於晚造的有白壳，銀粘，黃粘，大糯等。種植的時候，早造則在舊曆二月中旬，用竹籮載着穀種，浸在水中，以手攪之，去了輕浮在水面的一層，把重而沉下的一層留着。浸一二天後，起置家中一夜，攪鬆，再浸一天，根芽便出，即把穀種撒播於秧田，俟其生長約一尺，即行移植。早造在三月初旬下秧，晚造在六月七月之間下秧。插秧後二十日，秧苗漸次生長，便排水施肥，一二日後，再以水灌溉。以後便常常除草施肥，直至收割的時候。早造在小暑前後收割，晚造在立冬前後收割。每畝收獲量數，上等田五担左右，中等田三担左右，但晚造收量比早造為多。

薯的種植，在雨水節前後，種於闊約二尺高一尺之畦中，每株距離約二尺。種薯的田，多兼種芋或瓜，每株也是距離二尺．在夏至以前，每月大概施肥一二次，薑的收穫是在夏至以前．

冬瓜、節瓜、苦瓜分為早晚二造．自立春至夏至所種的是早造瓜．夏至以後所種的是晚造瓜．種植的方法，先養成高約二三寸之瓜秧而後移植．或直接播於薑芋畦之間．每穴落瓜仁二三粒．俟其生長至二三寸，便拔去其衰弱的而留其壯的一條，然後插細竹於旁，又札疏竹於其上．瓜苗生長後，便從竹而上棚．種植後數旬便可收穫．

甘蔗的種植不多，其法是將上年刈去的蔗尾，在立春前後，去其一二節之蔗壳，以數十條札成一束，浸於池水中，一二日後、即斜插於地，便漸次生長．

各種菜蔬的種法，大概都是耕地作畦，撒播種子於菜地，俟其生長至二三寸，便分行移植，每行的距離，看每種菜長成的大小而定，普通約六七寸。

第三節　農產品的收穫運輸與販賣

下渡的農業可說得是小資本經營的家庭農業，經營和資本既小，當然不會有大量的收穫。除了禾稻在收割的時候多費人工外，其餘生菓瓜菜等物，都是那時成熟便那時採摘，一切農作業是由父母子女一家合力去做。下渡的面積很少，農塲距離家庭沒有多少遠的路程，在農產品收穫後，很容易的便可負回家中。下渡前臨珠江，農產品的販賣，較大量的便僱艇由珠江輸運至葉欄，小量的多係自己挑赴至歎和市出賣，間中也有担往廣州市沿街喚賣的。

第四節　租佃制度

田的所有權有兩種：一是公田，一是私田。前者的產業是屬太公所有的，租佃是用鬮投方法。佃户以族人為限，但也有例外的。在出租的日子，便召集想要租田的族人於一處，當事的人出予以最低限度的底價，租田的人各就自己能力所及各還其值，還值最高者便得租。但的不須立契據，但要交上期租，或以物件為田租的抵押．私田是私人的產業，佃戶承耕田地，多與田主直接商洽，不用介紹手續，因鄉中多是熟人，亦不用寫租約，祇以口說為憑，但也要先交押租銀．田的租值，通常每畝每年三四十元．租佃的期限不等．租值的交納，有每年分兩次的，有每年分四次的．

第五節　畜牧

畜牧為農家副業，分牛豬雞鴨鵝五大類，沒有一個農戶是沒有的，茲分述如下：

牛——多供役使之用，分水牛黃牛兩種．水牛每頭價值百元，力大，不畏水．黃牛比水牛價值少些，並且力也比不上水牛那麽大．每日要放牧一二次，用一牧童管理．若耕牛老了無用，便賣給人家宰殺．

猪——猪肉是日常食品，銷路甚大．農家利用菜根穀皮的剩餘品物飼之．母猪每年生育二次，每次生產十幾頭，獲利頗大．

鷄——每家至少也養二三隻，多者至數十隻．放於屋外和園圃，設木棚或竹籠以為晚間棲宿，飼之以餘飯米糠．

鴨——養鴨母為多，因鴨母可為產卵用．每年產卵百餘枚．鴨仔由小鴨養之六十日可長大．日間放於收穫後之稻田或涌中，任其自行覓食，飼之以田螺蟛蜞菜根等物．

鵝——每年產卵三次，每次產量八個至十二個．通常產卵時期於五七九月為多．其卵多為孵雛用．

以上各種牧畜，都是家庭副業，無專業經營的人．

第五章　教育

第一節　下渡鄉民的教育程度

表十九

(一)根據調查這三百七十五人的結果，下渡鄉民的教育程度也不算落後，據民國二十二年至二十三年，嶺南社會研究的舊鳳凰村調查報告，識字的人數只佔全村人口百分之一一．二(註一)．民國二十二年的沙南蛋民調查報告．識字的人數佔全村人口百分之二八．七四(註二)，而下渡識字的人數佔調查的總數(即三百七十五人)百分之四一．

六，可是這次調查的人家，多是下渡小學生的家庭。所以這個數目，不能作全村鄉民教育程度的代表。現在且根據這次人口調查，把下渡村這一部份的人數和識字人數比較，列表如後（參見表十九）。

從表上看來，便可以知道下渡男女識字程度相懸很遠。如按年齡計算，男子最高的識字人數百分比達於九十；其次是八八．二四；八三．三三；就是平均數也達於百分之五六．九九。女子最高的識字人數比例是六五．三九；其次是四五．四五；平均數只得二二．二二．

註一 參見嶺南學報第四卷第二期二十八頁

註二 參見嶺南學報第二卷第一期七十六頁

但是從第一組（一）至十六歲的一組看來，男童的識字人數有二六・四二，可說是男女教育機會均等的趨勢已及於下渡・

下渡識字人數及百分比
（表十九）

年齡	被調查人數			識字人數			百分比		
	男	女	共	男	女	共	男	女	共
1－10	65	53	118	16	14	30	24.66	26.42	25.42
11－15	30	26	56	27	17	44	90.00	65.39	78.57
16－20	6	14	20	5	3	8	83.33	21.42	40.00
21－25	7	11	18	3	5	8	42.86	45.45	44.44
26－30	17	21	38	13	－	13	76.47	－	36.84
31－35	17	15	32	15	2	17	88.24	13.33	53.12
36－40	16	17	33	9	2	11	56.25	11.76	33.33
41－45	4	8	12	3	－	3	75.00	－	25.00
46－50	10	8	18	7	－	7	70.00	－	38.89
51－55	3	3	6	2	－	2	66.67	－	33.33
56－60	7	6	13	4	－	4	57.14	－	30.77
61－65	3	3	6	2	－	2	66.67	－	33.33
66－70	－	2	2	－	－	－	－	－	－
70以上	1	2	3	－	－	－	－	－	－
合計	186	189	375	106	43	149	56.99	22.22	39.73

若是以一線段來表示男女各個年齡的識字程度的百分比，從十一歲至六十五歲都是起伏不平的，而稍向六十五歲那一端傾斜，以十一歲至十五歲那端為最高。如以同樣的線段來表示女子各個年齡的識字程度的百分比便有不同的情形。這一條線的最高點是在十一歲至十五歲的時間，到了二十五歲後便作急速的傾斜，至四十歲以後便平落下去。這兩種現象即表示在五六十年以前，男子的教育是一向有人注意的，女子教育，則近二三十年，才有人談及。在第一組的識字人數百分比是這樣的低，原因是在這個數目當中，有許多是未及學齡的兒童，或是有些已及學齡而父母認為還是年紀太小，未把他們送去學校的。

在鄉間的人，讀書沒有像城市的人那麼多機會．並且教育在他們眼中看來，也不像城市的人一樣地重要．所以在一個家庭中，雖然能夠負担起子女教育費用的人，也往往沒有按時遣子女入學．在我們調查的時候，看見了八九齡的兒童，在街上或門前玩着，問他們有沒有到學校去，他們底父母便替他們回答：「他們的年紀現在還小，待一二年後，長大了才送他們去念書呢」

第二節　明志學校

明志學校名稱上是學校，實質上是學塾．現在先從這間私塾的創辦敘述到私塾的外表，從外表說備說到私塾塾師和塾生的關係，和經濟的來源．

明志學校創辦自民國二十一年，由黎少騰一人開辦．校舍是一間民房，設備是最簡單不過的．有了一個大廳，容得三四十個小孩，老師買了粉板和介方，一副老師自用的書桌椅，一切便算完備．學生的書桌椅是由學生自己帶來．

學塾一切經費，是由學生的學費得來，塾師束脩的多寡，視乎學生的人數而定．學生人數現有三十四人，民廿五年的數目，聞今年已倍之，不收女生，每人全年學費在十三四元左右．學費是分期交的．所授的科目不一定，每人的課本不同，採用個別教授方法，學生所讀的書籍，大概以大學中庸論語孟子為多．每天授課七八小時．上午從七時起至九時，中午從十時起至一時，下午從二時起至四時半．低年級的學生，每天除讀書外，只有背書和習字．高年級的學生，除此之外還有講解．

學生每年除繳納學費外，還有雜項開銷：開學的第一天，初見老師，便有所謂「贄見禮」．但贄見禮的多少，沒有一定的規限．大約至多也不過三五角．每年的時節如中秋、端午等，塾生照例要送禮給塾師，中秋則送月餅，端午則送粽．但是學生人數有那麼多，而送禮的時間最多也不過差三二日．餅和粽這些東西，都是不可以久存的，一時吃之不盡便會糟蹋．這樣的辦法，塾師本人不大歡迎，所以所送的禮物，多半是乾折，即代之以節儀．節儀多少，隨各人方便．在家長方面，可藉此以表達教育兒女的謝意，在塾師可以多些收入．一舉兩便，每年這樣做去，認為理所當然的．

學生的來源，大部份是本鄉的，附近鄉村來的也有，鄉人送子弟去學塾讀書的多於送去學校，因為喜歡學塾管教嚴厲，每天讀書的時間長，星期日不放假．學塾的假期是依舊曆的時節，整個上課的時間都是讀書和寫字，沒有遊戲與休息．他們是不懂得兒童的心理和需要的．他們不知道休息和遊戲音樂等在於兒童教育位置上之重要，以為這種科目是白費寶貴的光陰的．

塾師對塾生有鞭撻之權，而一般的父母以為兒子所做的事情，有不遵先生教訓的時候，也樂意把他的孩子給先生打．學生畏懼先生的心，有如畏懼老虎一樣．先生所有命令，他們不敢不從．但是這種服從只是以力服非心服的．他們在塾師面前好像是很有規矩的學生，但背了先生，則惡行百出，口角和爭鬥的事情常有．學生所受的懲罰，最普通的是「打手掌」，「跪聖人」，「畫眼圈」，「寫字」等．

上文說過，學生是個別教授的，沒有班級的分別．塾生是無所謂畢業，無所謂升級降級．塾師對塾生的責任，只是教塾生們讀書，在一年之內，所收的效果如何是不計及的．學生告假很自由，但要得家長的允許．有些貧寒的孩子，遇到農忙的時節，便少讀一兩個月書，富裕一點的孩子，因下雨刮風，不舒服，天氣冷，父母生日，家中有親戚來了，都可作為告假的理由．各個塾生讀自己的書，聽自己的課，寫自己的字；對於問覺是沒有多大影響的。

塾師教學唯一的目的，不是培育人材，而只是生活問題的解決。所以在學塾之內，沒有所謂系統，計劃，訓育宗旨，記錄表冊等。本節所述，只得其大概，至於詳細情形，實難調查。

第三節 下渡小學 表二十，二一，二二

(一) 沿革

下渡小學已有很長久的歷史。在一九一四年由嶺南大學基督教青年會教育部創辦。在創辦之初，設備極其

簡陋，那時租了一間很舊的民房為臨時校舍．學生有八人．至一九一六年停而復開，由胡從生姑娘主理，學生增至十七名．一九二十年停辦，一九三一年由嶺南大學女道會接收，由趙思賜夫人主其事．聘有女教員一人助理校務，嶺南大學教授夫人輪流每日視察，于茲已有六年，很得當地人士信仰．

(二)學校的設備和經費的來源

校內的設備很簡單，除了粉板和桌椅外，沒有什麼值得注意的用具．校內共有班房三間，光線頗充足，地方也清潔整齊．經費的來源有兩方面：一是學生的學費．學生每人每月繳費二角（書籍費用在內）．每年可得百元，其他不足之數，則由女道會籌劃．

(三)學校行政狀况

女道會是學校行政最高的機關．校中一切事務用人及經費支配等，概由女道會策劃．校內設主任一人教員一人．主任職權是統理一切校務．關於一切課程編配，課本選擇，校內清潔及各種雜役事項，亦由主任兼理指擇．

(四)課程和班級的編制

下渡小學開辦初小，其編級與新制小學同．按學歷程度的差異，分為一、二、三年級．因課室與經費關題。二三年級用複式制，合兩班於一課室而分別教授。三年級修業期滿，可得直接升入嶺南青年會小學；每週每班授課三十九節，平均每日授課七節，星期六下午及星期日休假。每節為四十分鐘。所授科目，一年級有國語、算術、常識、故事、圖畫、遊戲、音樂及主日學等，二三年級則有國語、勞作、書札、作文、主日學，圖畫及音樂等。

(五)訓育和管理

學校沒有特設訓育主任，關於學生的道德及行為，由教員隨時指導。關於訓育宗旨，並無擬定，對於學生勞作習慣，頗為注意。如料理課室清潔、洒掃洗拭等工作，但由學生於每日散學後輪流担任．

（六）教員

該校現在受薪的主任一人，教員一人．月薪十五元．另有一位是散任的，完全是義務性質，其餘便是女道會的人，去担任主日學和講故事遊戲等科目．

（七）學生

全校有學生四十六人，男生廿四人，女生廿二人．

學生現居地址，以在下渡的為最多．由新鳳凰村和嶺南去的均有，附表如下（參見表二十）

全校四十六人中，學生年齡女生最大的是十四歲，最小的是七歲。男生最大的是十二歲，最小的是七歲。女生以十歲的人最佔多數，男生則以九歲的人最佔多數．平均計算，男生的年齡總比女生小。其因是稍大的男童，父母便遣之往怡樂村嶺南青年會小學，女童任其就近地讀書。茲將男女學生年齡列表如下：

學生現居地域分配表
（表二十）

地址	人數
舊鳳凰村	1
新鳳凰村	2
下渡村	32
嶺南學校	2
總數	46

學生家長之職業，可分為農、工、商、軍、女紅五種．其中以工界為最多，共有二十八人，佔全數百分之六○．八七；其次是農業，共八人，佔全數百分之一七．三九；其次是軍界，共三人，佔全數百分之六．五二；其次是商界，共二人，佔全數百分之四．三五．由以

學生年齡比較表
（表二十一）

學生年齡	人數		總數
	男	女	
七歲	3	1	4
八歲	3	1	4
九歲	7	2	9
十歲	6	8	14
十一歲	1	5	6
十二歲	4	3	7
十三歲	0	1	1
十四歲	0	1	1
總數	24	22	46

上的表看來，有一事實出人意料之外的。蓋在常人的理想中，總以為村居的人民，多以農為業，且照全國統計，農民佔全國人口百分之八十以上。但據此次調查所得，學生家庭職業以工界為最多數，而業農者只有八人。其原因有兩種解釋：一是近來農村破產，農產物價賤，生產的費用，收穫不能補償，那些維持不來的人，便棄農而就工了。因為做工的不需資本，只憑着氣力，便可以得到收入。即使終日無所獲，也不致虧本。第二個原因是下渡除了下渡小學外，還有上面所說過的明志學校，學塾的舊有制度是為鄉人所喜歡的。但是學塾的學費比小學每年多十數元。做工人的生活標準比業農的畧低，明志學校的學費，雖是區區十數元，但在貧苦的人家中，幾於成了貴族學校．這種權利只好任較富的農家子弟享受．工人子弟則聯袂到小學去．

在表二十二中，還有一點值得我們注意的．就是在四十六個家庭中，沒有一個是學界，村中知識分子缺乏，於此可見一班了．

學生家長職業比較表

（表二十二）

職業	家庭數目	百分數
農	8	17.39
工	28	60.87
商	2	4.35
軍	3	6.52
女紅	1	2.17
閒居	2	4.35
未詳	2	4.35
總數	46	100.00

第四節　下渡幼稚園　表一三，二四

(一)沿革

自女道會接辦下渡小學後，因感覺到一般村婦，出外工作，小孩子在家沒有人看管，日在街上與頑童為伍．習染不良的習慣．對於他們將來有很大的影響．並且要出外工作的村婦，家境必是十分貧寒，而村中也沒有適當的學校以供他們的需要．女道會的人感覺到這點，便借得村中的宗祠一部份暫收集這班小孩．每日由下渡小學的教員，抽出多少時間去担任指導，女道會同時也有人出來輪流視理．其初沒有甚麼組織，日常工課只是給孩子們遊戲唱歌的訓練，目的是避免他們有不良的習染．後來到這裏的小孩日多，女道會又得嶺南大學贈與在該村內的屋宇一間，和商得一熱心於此事業的人幫忙教導，下渡幼稚園才正式成立．

(二)學內的設備和科目

下渡幼稚園是在小學之東，兩校相隔有十幾丈．旁有空地，可以做兒童遊戲的場所．那幅空地，昔日是瓦礫草堆，後由該校教員和小孩子合作，實行陶知行先生的教學合一的精神，把草根劃除，和把亂石搬了去，不上幾天的工夫，便把整個場劃平了．並且內置粗陋的鞦韆架一具，四週圍以竹籬．籬下植些花草，儼然成了一所很好的遊戲場．因為裡面有鞦韆架一具，很能吸引兒童來校讀書．

校内的設備因困於經濟，十分簡陋，暫以長板條桌於櫈上當作書桌，其他的設備甚少。

現在所授的科目有：唱詩、遊戲、手工、認字等。每日上課四小時，由上午九時三十分至十二時，又由下午二時至三時半。學校的經費大部份由女道會負担，每學生每年繳納一元以資補助。

(三)學生

全校現有幼稚生二十二人，男生佔十三人，女生佔九人。年齡則由四歲至九歲，但以六歲的為最多，因為幼稚生的年齡過小，鄰近的鄉村，很難把子女送來，所以幼稚生全數都是在本鄉居住的(參見表二十三)。

　　幼稚生的家長職業可以分為三類：農、工、軍。三類之中，也是以工界為最多。工界的家庭有十二，佔全數百分之五四．五五；其次是軍界，軍界的家庭有五，佔全數百分之二二．七二；其次是農業，業農的家庭有四，佔全數百分之一八．一八．沒有職業的只有一家．佔全數百分之四．五五．幼稚生家長職業狀況和小學生的有同樣的情形．上一節的下渡小學學生家長職業以工界為最多的解釋，現在再用之於這裏，也無不適當吧．

幼稚生年齡比較表

（表二十三）

年齡	人數		總計
	男	女	
四歲	2	0	2
五歲	1	1	2
六歲	5	3	8
七歲	—	3	3
八歲	2	2	4
九歲	3	0	3
總計	13	9	22

幼稚生家庭職業比較表

（表二十四）

職業類別	家庭數目	百分比
農	4	18.18
工	12	54.55
軍	5	22.72
閒居	1	4.55
總數	22	100.00

（四）二校的衛生狀況

下渡小學和幼稚園的學生，定例每學期舉行體格檢驗一次，由孫逸仙博士醫學院鄉村衛生部護士主理。每年春有強迫種痘運動，也是由護士主理。（詳見婦女及衛生）

第六章 宗教信仰及神誕

第一節 宗教類別（表二十五）

下渡村民，因知識缺乏，對於宗教信仰，還保持着曚昧的迷信，這是由於教育不發達的結果。他們的宗教信仰，可以分為三種（見表二十五）。第一是沒有信仰的，這種人家，屋裏沒有神的偶像，腦海中也沒有神的觀念存在；第二是基督教。他們只信仰一神，宗教儀式也很簡單，每天有幾次的祈禱；第三是多神教，多神教在中國已有很深遠的歷史．這種宗教沒有教義而也沒有組織的．實在是不算得為一種宗教．但它是普遍於全國，信仰的人很多．但雖多而也沒有造成一種勢力．

多神的宗教，顧名思義，便知道它是複雜得很．信仰這種宗教的人，是無處不拜，無物不拜，沒有中心的信仰，以為在宇宙之內，雖小如微塵，也有神的存在的．他們所拜的對像有三種：一種是因畏懼而拜的；一種是因需要而拜的；一種是因尊敬而拜的．但其目的都是因避禍祈福．入他們的屋裡，便可以看見許多不同的神位神像，各種神位神像有不同的名稱和不同的職守，安置的地方也不同．茲概述如下：

1. 門口土地

是安置在門口的牆腳，神位寫着門口

土地，福德正神．

2. **門官土地** 是安置在入門的走廊，神位寫着門官土地，福德正神，旁邊還有一副對聯，寫着「年月招財童子，日時進寶天官」

3. **門神** 在大門之上，又有所謂門神．門神的表徵，有些是用圖像，有些是一面門上寫着文丞，一面門上寫着武尉．門口土地，門官土地，和門神三者同是司掌看管門戶之職責，以防外鬼的侵入．說用等於人間守門的衛兵．門官土地的地位是比門口土地的地位高，大約他們一個是官長而一個是士卒吧．至於門神，則只是一個空銜以助鎮壓，是有職無薪的．因為門官土地和門口土地每日都有香燭供奉，而門神是沒有的．

4. 當天　當天是露天的安置在天井，故名當天。神位是寫着「天官賜福」。司呈報之職。一家之內有什麼事情，各神盡職與否，當天便為之記錄呈上玉皇大帝。

5. 灶君　灶君是安置在厨房靠灶的地方，神位寫着「東厨司命，定福灶君」掌管厨房飲食之事。

6. 地主　地主是安置在正廳的正中牆下，神位寫着「五方五土龍神，前後地主財神」迷信的人，相信小小的土地都有屬主的，地主便是那間屋地的屬主，這是鬼而不是神。拜地主的原因，是希望它得到供奉便不作祟，以免人口不寧。

7. 財帛星君　是安置在正廳左便，只是招財的意。

8. 大神　在中堂有所謂大神，是整個菩薩系統的最高機閣。但其中又包含菩薩很多。普通的有：大慈大悲觀世音，包公，關公，華陀，天后，華光，西王母等鄉人所拜的菩薩，有的是古時忠賢之士，如關公包公等。因敬而拜的；有的是傳說幻想出來的，如天后西王母等是。

7.床頭婆

是安置在床頭底下的。床頭婆是為小孩而設，沒有小孩子的家庭是沒有。他們相信在小孩未出生之前，在胎裏能夠長大，能夠吸取食物，完全是賴床頭婆的力量；至出生後，哭，笑，飲食，動作等也是賴床頭婆教之。他們不曉得孩子出生後，一切不學而能的都是人類的本能，他們只覺得玄妙神秘，無以解釋，只歸於神之助力。

以上所說的九種神，是平常家庭所崇拜的．還有例外的實在數不勝數．在家庭之外的又有天后廟，華光廟這裏的菩薩很多．但有一部份即是家中"大"神的菩薩．每月的初一和十五，到廟參神的人很多，這表示虔誠的意思．在入村之處又有社稷之神，有巷口土地，性質是某如地方官吏．菩薩的組織系統和地方上的佈置，直可謂森嚴週密．異地的野鬼實在不容易進去的，這樣便可以避禍祈福，他們的頭腦實在簡單不過．

除信鬼神之外，他們又信風水，每遇建築，安葬，動土等事，他們必先請風水先生來看視過風水的優劣才敢去做．有時因家境不良，事業失敗，人口死亡，必歸咎於風水，因此而改葬先人骸骨的也大有其人．

问签，问卜，算命，问米或者问醒的事情，也很普遍．问签多行之于庙宇之内．在每一间庙中，神枱的上面，必有签筒几个，签筒是以竹或铝铁制成的，内盛竹签数十枚．每枚均有号码．问签的方法，问者用手捧着签筒，跪在菩萨面前，焚着香烛，把自己心中所想的事情，喃喃向菩萨禀告．然后把签筒放纵了摇动，等到有一签坠地为止，并且只限于一签．接着竹签上的号数，签语便可找得．签语上所写着的是预言，他们相信这可以定下将来的休咎，指示人们趋吉避凶．

问卜的方法，是把几个铜钱放在龟壳里，燃着香烛，施卜的人把龟壳摇着，口中唸唸有词，替问卜的人把请问的事祷告上天．过了多少时候便把铜钱倾出．铜钱的兩面，一作陰，一作陽。陰陽相推算便可以知道將來的吉凶。這是問卜的一個例，其餘還有很多方法呢。

算命是以一個人的年月日時，用天干和地支相配，謂之八字，根據八字，便可以推算一個人的命運。他們相信一個人出生的時候，他的八字便可定其一生。如一個人在什麼時候死亡，什麼時候發達，什麼時候有患難，一切都可以從八字推算得出。有些人在子女很少的年紀，便請相士和他們算命，若是算到子女的八字和父母相衝，或有不利於家庭的時候，往往就把這個子女送給別人，不認作和自己有關係；若是算得命中鑄定要行乞的，便去找一個乞丐婦去做他的契娘，這一類愚昧的事情實在不勝枚舉呢。他們又相信凡人死後便變成為鬼的．鬼是無形無影的東西，但能附在生人身上，借生人的口來談話．當清明時節，人人都有思念先祖的心，用方法邀請先人的亡靈來談話，這便是問米之所由．操這種職業的人，皆是巫婦．

問米的方法，先燃着香燭燈火，焚了紙錢元寶等物．把雞卵一或二枚和米若干放在枱上，巫婦以手撫着雞卵，口中唸着問米辭，三五分鐘後，巫婦自謂她底靈魂已到陰冥，問米者便以其所欲邀請的亡靈死亡的年月日、姓氏、性別、籍貫告．亡靈便會附在巫婦身上，借巫婦的口直接和生人談話．這是一種無意識的迷信，其實巫婦所說的，不過是自己的話吧．

多神的宗教信仰，甚麼地方都可以有鬼神的存在．

什麽東西都可以有鬼神的憑寄，他們所信的真是無奇不有，信基督教的人只有七個，其中有兩個是幼年嘗受教會撫育，現在還担任傳教工作的。

宗教比率

（表二十五）

宗教類別	家庭數目	百分比
多神教	64	84.21
基督教	7	9.21
無宗教	5	6.58
總數	76	100.00

第二節 神說

多神教所信仰的神既多，那末，神說也必然是很多．而有些神是一年幾次誕辰的，實在不能細數，茲將其大概略述如下：

1. 土地誕　二月二日（神誕均以舊曆計算）是土地們生日．這佪土地，不是門官土地，也不是門口土地，是巷口所安的土地．巷口土地是有土地公公和土地婆婆的．相傳古時有夫婦二人，年紀很老，一生為人忠厚，但沒有兒女，有一天晚上，他們做夢，見一白髮長鬚的老人，封他們為管理當地的神，不多時他們一齊死了．又不久，他們便借活人的口告訴大眾，說他們已受封為土地．後人便以香燭供奉．（二月二日是他們生的日子還是死的日子尚待考證）．

2. 觀音誕　觀音一年有三個誕辰：三月十九，六月十九，和九月十九．其中有一個是她初出人世的一天，有兩個是她死後復生的一天．傳說觀音因為拯救世人的原故，她受難而死，死後復生的有好幾次．關於觀音的故事，鄉人說來也很有趣，茲述之如下：從前有一個妙莊王，他自己是不信神的，但妙莊王后是很信神的．他們有兩個女兒，一名妙清，一名妙音，但沒有兒子．妙莊王后便天天求神，請上天給她一個男孩，後來她真懷孕了．經過二十四個月還不曾分娩，妙莊王說她欺君，想要殺她．後來生了出來，又是個女兒，叫她做妙善，她就是後來的觀音．妙善長到十六歲，妙莊王要替她招駙馬，妙善不喜歡結婚，要削髮入庵為尼．妙莊王怒，想把她餓死，絕了糧食七日，她還日夜不停的在花園裏唸經。後來她到了一間尼姑庵，要求尼姑收她學法，老尼們因恐她是公主，不能耐苦，便用種種方法來試探她，叫她用竹笠取水，但她本身是異人，得神仙的帮助，竹笠也不會漏水出來，後來她真成了仙，拯救世人脫了不少的災難，故稱她做「大慈大悲，救苦救難觀世音菩薩」。到了觀音誕的一天，許多人便不食肉，因為觀音以慈悲為懷，戒殺生的，這樣便可以得福。

3.關帝誕

關帝便是三國時的關羽，為人一生忠義。因敗走麥城，被呂蒙所害。這本來是歷史的事實。死後，因人格的偉大，他底忠義仁勇得世人的欽佩。精神上的尊崇還不足以表示，於是便把他當作菩薩的拜起來，後更加以迷信的事實：現在關帝一年也有三次誕辰：

三月十三是他出生的日子，六月十三是他得道的日子，九月十三是他升仙的日子。

4. 華光誕

華光誕是在九月廿八日。到了那天，鄉人便拿豬肉、雞、酒、香燭等物，到華光廟拜華光，放事未詳。

下渡村的菩薩誕辰是和各地多神教的菩薩誕辰一般，除了上述幾個有故事的神誕之外，其餘還有些找不到傳說的，茲概述如下：

日期	神誕名稱
正月	
初二	車公誕
初三	孫真人誕

初四	箸筒姑誕
初八	穀王誕
初九	玉皇誕
初十	土神誕
十五	上元誕
十九	門官土地誕
二十	招財童子誕
二月	
初二	土地誕
初三	文昌誕
初十	土神誕
十三	洪聖誕

十五 太上老君誕 岳元帥誕

十九 三十普賢誕

廿五 玄天上帝誕

三月

初三 北帝誕

初四 張王爺誕

初十 土神誕

十二 醫靈誕 玄壇誕 關帝誕

十六 準提誕

十九 太陽誕 觀音誕

廿三 天后誕

四月

初十　土神誕

十四　呂祖誕

十七　金花誕

十八　華佗誕　紫微誕　送生司馬誕

廿八　藥王誕

五月

初八　悦城龍母誕

初十　土神誕

十一　城隍誕

十三　丙靈公誕

十六　如來佛誕　張天師誕

六月

初一 韋陀誕

十二 彭祖誕 井泉誕

十三 魯班誕

十九 觀音誕 關帝誕

廿三 馬王誕

廿四 關帝誕 火神誕 和合二仙誕

七月

初一 太上老君誕

初七 康公誕 七宮仙女下降 魁星誕

十二 長春真人誕

十五 中元誕

十八 王母誕

十九	當年太歲誕
二十	張王爺誕
廿二	財帛星君誕
廿四	城隍誕
三十	地藏王誕
八月	
初二	社王誕
初三	灶君誕
十五	太陰誕
十六	齊天大聖誕
廿五	太陽誕
廿七	孔夫子誕

九月

初一 南斗下降

初一至初九 北斗九皇降世

初九 斗母誕 重陽帝君誕 關帝誕

十三 招財童子誕 關帝誕

十九 觀音誕

廿八 華光大帝誕

十月

初五 達摩誕

初十 花公花婆誕

十五 下元誕

十六 巫山娘娘誕

廿七　紫微誕

十一月

初四　大成孔子先師誕

初六　玉皇大帝誕

十一　太乙天尊誕

十七　阿彌陀佛誕

十九　九蓮菩薩誕

廿三　送子張仙誕又南斗星君下降

十二月

初八　如來佛誕

二十　魯班誕

廿四　灶君上天朝玉帝

廿九 北斗下降

三十 諸佛下界察民間善惡

第七章　節令和傳說

關於節令，下邊所行的和都市的沒有差別。但每個節令有其歷史故事，每個地方的傳說是不同的。從其節令和習俗，便可知其宗教觀念是怎樣。這裏所述是從一部份村民口中說出來的。

1.新年

新年是正月初一，恭祝一年開始，萬象更新的意思，人人應當喜悅。到了那天，不論貧富的人，都放下了工作，穿着新衣，喜氣洋洋地，大家相見，要說「恭喜」、「發財」、「添丁」一類吉利的話，卑輩的要向長輩行拜跪禮。禮畢，受禮的人要給行禮的人「利事」，朋友鄰舍街坊相見也要拱手作揖，說吉利的話。見了相熟的小孩，即分給利事。所以小孩子是特別喜歡新年的。因為在新年的幾天之內，他們會得不少的利事，即得不少金錢的收入呢。

又 人日

人日是正月初七。相傳天地初開，一日雞生，二日狗生，三日豬生，四日羊生，五日牛生，六日馬生，七日人生。故後來定初一是雞的生日，初二是狗的生日，初三是豬的生日……，初七是人的生日。「人日」即是人生日的意思。若那天天晴，主所生之物盛，陰則衰。若初一天晴，則雞盛，陰則雞衰。

3 開燈

開燈是在正月十三日，那天神廟和宗祠裏，都張燈結彩，非常熱鬧。這就叫做開燈。凡是上年生了男孩的人家，就要送一個紙燈到那裏。到了那天，新生小孩的外祖母，要預備衣服一套、雞、紅雞蛋、豬肉、酒等物，湊成一担送去恭賀。這就叫做開燈茶。開燈茶先要用來獻神，然後分給親友。富有的人家，還要做酒請客的。

4 清明

清明是在三月。這是一個思親節。每年清明時候，所有的男丁，都要到先人墳前拜掃。這個節令在中國各地都很重視的。關於清明的故事，從鄉人口中傳說，頗為有趣。現在述之如下：昔日朱洪武未登位的時候，他的母親帶他逃難，流浪到別的地方。貧無所依．有一富家收了他做書僮．朱洪武每天晚上為他的少主洗足．主婦囑他要小心一點，因為少主足下是有一粒墨痣的．當時傳說「腳踏一星，能管千兵，」教朱洪武不要傷害了少主足下的墨．原來朱洪武足下有墨七粒．他便說：「那末，我腳踏七星，定能管天下太平了．當時有一女僕識朱洪武為英雄．知主人忌才，想要殺他．但女僕又不敢把事情直告訴朱洪武．只是在飼猪的時候，向那群猪說：「猪！你食又死，不食又死了！」朱洪武聞說，頓時覺悟，便知有危險，於是設法逃走，主人追之不及．他後來逃到一處地方．得了讀書的機會．入京考試，中了狀元，封王二十幾年．一日，他想念及逃走的時候，他放下了母親休息．適接近的牆倒了下來，把母親壓死．

他便拿許多香燭去祭，到了那處，但不認識母親死的所在．他便祷告上天說：「如神有靈，便把所有的香燭吹熄，只留着在他母親墓前的一枝．他祷告畢，果然所有的香燭都熄滅，只剩下了一枝．他知道這就是母親的墳墓．這是三月的時候．每年的三月，朱洪武必然到這裏拜掃．後人思念先祖，便效他三月的時候掃墓．這是他們傳說清明拜掃的由來．

5 四月八

這就是四月初八．到了那天，家家户户都採摘艾葉來做餅拜神．這是兒童節，不很重要．

6 端午

端午是五月初五．近水的鄉村，那天便有龍船競賽．本來龍船競賽是弔屈原之溺水的意．關於端午的故事，鄉人又有兩種傳說：

(1)在戰國的時候，終無艷為齊國的王后，善戰，欺凌弱小國家。要務小國家年年朝貢齊國。當時有五個小國，聯合起來想殺齊王，其時晏嬰為齊相，為人多智謀。五個小國知道是不能以力勝的。於是妙計百出。決定開龍舟大會，請齊王去看。齊王請計於晏嬰。嬰恐有危險。不贊成齊王赴會。但終無艷力保齊王不要胆怯，主張齊王赴會，她自己暗藏軍器與齊王同行。到會的時候。忽聽到有特別口號。五百龍舟同舉軍器，想殺齊王。但終無艷已有準備，即與之戰，乃凱旋歸國，於是後來

註：屈原楚人，侍懷王，被讒，貶於江南，五月五日，投汨羅江而死。楚人傷之，乃於是日做龍舟以弔之。用竹筒貯米祭之。

使有龍舟會．

(2) 從前楚王，極其凶暴，忠臣屈原諫之，不聽．悲傷憂國，溺水而死．於是人民使用許多船去救他．去救的船是要長而狹，這樣才可以快．所以在後來便有賽龍舟來紀念屈原．在端午節除了龍舟之外，又有粽．傳說當屈原投江的時候，有許多人把芒葉裹着米，煮熟了，投諸江中，餵大魚腹，以免大魚吃屈原的屍首．所以後來端午又有粽子．

7. 七夕又名乞巧節

七夕是七月七日．傳說天河之東有織女．她是天帝之孫．勤習女工．生來很美麗．但不愛裝飾．天帝憐其獨處，把她嫁了河西牽牛郎．他們結了婚後，天天在家裏相對着，不願出來工作．天帝怒了，今織女仍居河東，只准在每年七月七日的晚上和牛郎渡河相會一次。這天是七姐生日的一天。在天寶年間，宮中每過七夕，宮女各執九孔針，五色綫，向月穿過之，遇者為得巧，故又名乞巧節。關於七夕的故事還有很多。什麼七姐下凡，什麼天姬送子都是無稽的神話。鄉人們不只是說，並且舉出事實來證明。在繁星閃爍的晚上。天空裏有一片較光的，遠望很像一帶白雲。他們叫牠做天河或銀河。河之一岸，有三顆星成三角形的。叫做織女星。織女的對岸有四顆星成稜形的，叫做牛郎星。在牛郎與織女兩星之間，被銀河隔着。到了七夕的時候，一羣仙鵲，便集合在一起架成一座橋渡他們過河。聞說七姐是玉皇大帝的第七個女兒。是最聖潔的。鄉中女兒，從七月初一起便齋戒沐浴至初七止．到了那時，家家戶戶的女孩兒．都扮得齊齊整整．在家裏安排桌椅，陳列鮮花菓品，和平日所造的女紅，拿出來鬪巧．這個節全是為未結婚的女孩兒的．故又名女兒節．

8．盂蘭節

盂蘭節是在七月十四日．相傳在七月間，閻王開了鬼門關，把鬼放出陽間覓食．在盂蘭節那一天，家家戶戶，便把食物、銅錢、金銀衣紙等物拿出門外焚燒，施捨給一般餓鬼，以免在人間作祟．

9．中秋節

中秋節是在八月十五．傳說從前有個皇帝，想做神仙，日夜唸經求長生之術．他練了兩顆仙丹，一顆是自己吃的，其他一顆打算給他的妻子．有一天，他剛睡着了．他的妻子無意開了仙盒．見了兩顆仙丹，就放進口裏，一氣吃完。皇帝醒了，大怒，想要殺她。可是她吃了丹後，便覺得身體很輕飄的，一剎那間，駕雲飛去，直上月宮做了嫦娥。這天是八月十五，故後來的人便在這天賞月。

10. 重陽

重陽是九月九日。這個故事的由來也很久。漢時，汝南桓景為人很好的。他和一個術士費長房結識了。費長房有仙術，並能知道過去未來的事情。一天，桓景隨費長房遊，費長房說：「九月九日，汝家當有災，急令家人縫囊盛茱萸繫臂上，登山飲菊酒，可以免得這場災禍。」桓景從他的話，舉家登高，晚上歸家，見雞犬牛羊都死了。以後的人，於九月九日登高，也是仿效桓景避災的故事。

11 冬節

冬節是在十一月，沒有什麼故事，不過是一年中二十四節令之一。鄉中習俗，親友間磨粉煮糰，煮糕，互相餽送。

12 謝灶

謝灶是在十二月二十四日。傳說這日是灶君返天。用片糖、甘蔗、柑橘來拜。謝灶的意思是表示多謝灶君一年來的勤勞。

13 守歲

在新年的前一夜，兒童嬉戲，通夜不眠，謂之守歲。他們相信，子女守歲可以延長父母的壽命。

第八章 娛樂及衛生

第一節 娛樂

這裏沒有公共的娛樂場所，也沒有正當的娛樂設備。街頭巷尾，酒市茶樓，就是這裡唯一消遣之所在。例外的便是每年一二次的神誕。鄉人在這疲勞困頓，整天忙着工作的生活之下，知識薄弱，經濟困難，沒有空暇的時間去作什麼會社的組織，也沒有知識份子到來領導他們作正當的消遣。但為了興趣的要求，是不能任生活常常都是一樣地乾燥的過去．所以使有種種不正當的娛樂做成．現在就調查所得，把他們的娛樂分述如下：

1.酒——婦女喝酒的甚少，嗜酒的人，多是中年和老年男子．每晚飯不忘四兩雙蒸．據他們說，飲酒可以消愁，可以提神，一天的疲勞盡滅．

2.烟賭——在未禁烟賭以前，這裏有公開的烟館和賭館，並且烟賭稅的收入佔鄉中收入的數目很大．自禁烟賭之後，為了鄉人的嗜好，烟賭是不會因為法律的不容許而失其存在，不過是由開明的經營而變為暗裏經營吧．因為這種行為是秘密的，所以雖然知道這裏仍然是有這種娛樂，但實在的情形怎樣，是不容易調查．

3.茶樓——這裏有小小的茶樓兩間，顧客常滿座：

他們所費的茶資不多，若嗇的給幾分錢便可以坐一天半天．他們到這裏的目的，不是只為吃點心和喝茶，而是消遣閑暇的時光．茶樓便是鄉民每天自然聚集的所在．每當茶客滿座的時候，便各人高談闊論，說故事的也有，談政治的也有．消息的傳播在這裏是十分迅速，這是較為正當的娛樂．

4. 婦女的娛樂——鄉間的婦女，雖然不會像昔日的三步不出閨門，然而男子聚集的地方，是不容許婦女參與的．所以烟館賭館茶樓是沒有婦女的足跡．茶餘飯後，在街頭巷尾談天，便是婦女唯一消遣的方法．

5. 迎神賽會——鄉民對於鬼神的迷信特別地深，每年之中，關於神廟必有幾次醮會．下渡村有天后廟，鄉民最崇奉的是天后菩薩。天后誕是在舊曆三月二十三日，每年到了這個時候，廟中便設壇打醮。鄉中婦女，攜男帶女的拿着菓餅酒肉，香燭寶錢到廟祈福許愿。還有華光誕，土地誕，關帝誕等，廟裡也頗為熱鬧。

6. 七姐節——見第六章七姐節

7. 龍船節——陰曆五月五日便是龍船競賽。這一天人人都很高興的到珠江堤畔看賽龍舟，尤其是青年男子更加眉飛色舞。

第二節 衛生（表二六至三五）

下渡居民，生活困苦，知識淺陋，男女老幼，整天忙於工作之中，對於衛生問題，素來不注意：近年嶺南大學孫逸仙博士醫學院有鄉村衛生部的組織，常常派護士下鄉作衛生工作的指導。下渡鄰近嶺南，常有護士到鄉中訪問。鄉中衛生情況，可分三方面敘述：

1.公共衛生——鄉人沒有清潔的習慣，對於公共衛生素不講求，街巷的污穢，相沿成習。街巷沒有衢道，穢水積聚於低窪之處，垃圾畜糞人糞載道，倉蠅成羣，還有糞缸糞桶，幾乎隨處都可以找到。由城市初到這裏的人，似乎感覺得不能不掩鼻而過，但鄉人視若無睹，真若無味，家家户户，各掃自己門前雪，在於公共地方，是無衛生之可言。

2.家庭衛生——家庭衛生的講求，主要者是衣食住問題的注意，下渡屋宇，多是泥地，有些還是泥地泥牆．這樣的建築，無論污穢得甚麼似的，也無法洗濯．牆壁很少有窗牖，就是有的也很細小．室內光線不充足，空氣的流通，只靠着門户一方面．如耕種的人家，更是農具滿屋，幾無立足的餘地．還有少數極貧的人，泥屋也住不起，便在人家園圃之旁，蓋上了多少茅草竹搭以為藏身之所．

他們的食品，只求充飢，不識甚麼叫做營養．菜蔬瓜菜是他們主要的農產物，豬鵝雞鴨又是幾於沒有一個家庭所沒有的，然而這些東西，不過是用來換取他們勞力的代價——金錢．他們所吃的只是殘餘的菓品，賣不去的菜蔬．至於肉類，不是中上人家，幾天才有機會嘗誌．水的來源是靠珠江，每當水長的時候，鄉人就到涌邊取水，回家盛於缸中．因為涌水是很混濁的，取了回來是不能馬上作飲料，必須隔了若干時候，放置不動，任水裏的礦質泥沙沉下去，水便會澄清．

他們所穿的衣服，目的在乎蔽體和禦寒，不講清潔和美觀．尤其是在小孩子方面．在冬季的時候，他們洗澡的日期，視乎氣候的溫度而定，若一個月來天氣不轉暖，他們便可以整個月頭不洗澡．他們說，洗澡要在盛日之下，否則便會着涼．衣服也是和身體一樣的少洗濯．小孩子常常都是蓬首垢面，手足粘滿了泥塵．在這種情形之下，所以小孩子常有皮膚病：爛頭，爛肉，癬，疥等他們遇有疾病，只知祈神求藥，很少延醫診治。當病症到了危急的時候，至病人失了常態，便說是邪神魔鬼附了身，請南巫先生和茅山師傅到屋裏捉鬼。捉鬼的方法，在晚上南巫先生和茅山師傅念起了咒詞，打响鑼鼓，吹着竪笛，魔鬼便會被符咒所縛。病者幸而痊愈，便說符術有靈，不幸病死，便說壽命該終。其中有些家庭比較有智識的，家人有病，即到嶺南醫院診視，孕婦臨產的時候，也到嶺南醫院留產。村中無論那一個家庭，若和嶺南醫院有了聯絡，護士便常到家庭探訪。護士們所做的家庭衛生工作，是對婦女講述育兒的方法，家庭清潔，嬰兒及小孩食物的料理，兒童衛生習慣的養成，小兒健康的檢查，疾病種類的認識，婦女孕育時期的衛生及營養的指導。護士每年下鄉種痘一次，若有疫症流行便為之注射預防針。但在每次種痘或注射預防針之前，先要做宣傳的工作。據護士們說，鄉中婦女的思想很守舊。她們對於舊經驗信賴很深。她們以為依着她們的母親所用來養育自己的方法去養育兒女是萬無一失的，因為母親用了這種方法能使自己長大，同樣自己用這種方法便可使兒女長大。相信護士們底指導的，多是兒女死亡過多的人。護士對於每一個病人到診和每個家庭衛生狀況，均有表格記錄。（參見表二十六，二十七，二十八，二十九，附本章之後）。

3. 學生衛生

下渡小學和下渡幼稚園的衛生事情，都是由孫逸仙博士醫學院鄉村衛生部料理。負責的人，有陳綿淑護士和郭奉律護士．學生每年檢驗體格一次．把檢查所得各人的康健狀況用表格記起(參見表三十)，然後為之醫治．其醫治的經過和日期，也有詳細的登記(參見表三十一，三十二)，學校設藥箱一個，內蓄有常用的藥品如眼砂膏，消毒水，痳癬膏一類的藥(參見表三十三)，所有藥品交給學校的教員管理，這個教員於每星期要到鄉村衛生部受訓練一次，教以看護的常識，如學生需用藥品時，教員便替他療治．護士每星期到校視察一次，並有三十分鐘的衛生演講，護士到後，教員便把一週間的學生衛生狀況報告．以上的表格，許多是由教員填寫的，如遇學生染了病而教員知識不能療治的時候，教員便向之寫轉診證券(參見表三十四)，介紹這個學生去嶺南醫院(完)

費診治，診治後，關於病狀和處置方法也有表格記錄參見表三十五）

第九章 婚姻制度

下渡村的婚姻制度，仍然是沿着中國幾千年來的習慣．男「大須婚，女大須嫁」是婚姻的本旨．婚嫁不是男女個人的事而是父母和家族的事．男子娶妻，為的是傳宗接代，所以關於配偶的選擇，男女自己是沒有權過問的，一切事情，是由父母做主包辦．若非有「父母之命，媒妁之言」的結合，便為衆人所非難．大約兒子長成至二十歲，女兒十七歲，做父母的便為之尋媒說親．在男子方面叫做「接年生」，在女子方面叫做「開年生」。若青年男子，都了應該結婚的時候還不結婚，做父母的便被認為不負責任，要受親屬的評議。有這種情形的人，不是因為家貧便是有特別的情形阻礙，以致婚議難成。

婚姻禮俗，既要憑媒說合，於是一般專業的媒婆，知道某家有女長成，便登門議婚。男子和女子雙方的父母都不相認識的，一切事情，是聽信於媒者，若雙方父母合意，便卜之於天神，沒有凶兆，更從人事訪察，兩家滿意，婚議便成。現在把下渡村的婚姻程序和婚禮儀式述之如下：

1.問名——這便是男子及年，父母為之尋媒議婚。女家把女子的生辰書於紅柬，憑媒送到男家，男家便請卜者來祈神問卜．若卜者說男女的年庚八字沒有相克忌，和接到女子的年生三天之內，屋裏沒有不祥之兆，如打破碗碟和家中人口角不睦等事情發生，男家做父母的便與媒婆相約，和其子去偷看女子的相貌，然後再訪查女子的品性和家勢，若是合意，男家便把男子的年庚八字和「訪紙」着媒送回女家，這叫做「回年生」．女子的父母對於婚姻的事情是沒有給女兒知道的．接到男子的年生後，也是照樣的問卜，如是吉利，便依着「訪紙」去訪查男家的家勢，三代，和行為．雙方滿意了，便遣媒商酌餅食，禮金，妝奩等物，由男家擇日定婚．在買賣式的婚姻制度之下，各種選擇的條件，經雙方滿意，而因為禮金過少，議婚不成的也是常見的事：

又文定——許婚後，男家擇了吉期，請媒婆以訂婚的日期告訴女家，屆時，女家的母親，先遣其女去了別處，不使她知道訂婚的事情，如消息走漏了，她便會逃走，這是村中的俗例，若知道了而不逃走的，姊妹們便羞她無恥。

到了定婚的一天，男家具禮書，三代帖，餅食，禮金先獻於祖先之前，告祖畢，隨媒送至女家，禮物多少，視貧富而定。禮物到了女家，也先陳於案上奉祖，把女家的三代帖交換過，收受了禮餅和禮金，然後答回煎堆，鬆糕，利是回男家，這叫做「回茶脚」。兩家各把餅食和茶脚分送給親戚朋友，以表示兒女的婚事已成。有錢的人家，這天還請鄰舍吃飯。

3.大禮——結婚和文定相隔的日期是沒有一定的，大禮的舉行是在婚期前幾天，禮物有禮金，禮餅，海味，糖菓，生菓，豬肉，燒肉，生鵝，火鴨，式酒，檳榔，鞋，金飾，禮書等物．女家收了禮物，奉獻祖先，分贈親友，手續如文定的時候一般．大禮和文定的禮物大致相同，但禮式大禮是比文定隆重，並且量數較多．

4.迎娶——到了結婚的一天，黎明之前，男女兩家都請好命婆和南巫先生禱告天地祖先，為子女上頭．意思是而今而後，男女已有家室，脫離稚氣．早飯後，男家便遣儀仗，彩轝，八音到女家迎娶新婦．婚禮不行親迎，只以一雁或一鵝來代新郎．

彩轝至女家，便和儀仗，八音停於門外，至晚上一二時新娘穿紅衣青裙，首蓋頭帕上轎。男家在這天晚上，便整夜候着迎接新娘。彩轎從女家起程後，媒婆先回男家報告，衆兄弟聞報，便把新郎藏着，要主人家給與食物若干才將新郎放出，這謂之「收新郎」。

彩轎回至門前，先請星士焚香秉燭爲之祝禱，置一火盆於大門之內，請新郎出，向彩轎行一鞠躬禮，喜娘便負新娘下轎，跨過火盆，放下新婦立庭中，和新郎交拜天地，拜畢，新郎新婦相對行一鞠躬禮。禮成，喜娘負新婦入新房，男家預請女賓中之齊眉多福者，或請好命婆把筷子一束，隨新婦擲入新房。新婦將入房門，新郎便爲新婦把頭帕揭去。謂之「挑頭帕」。在挑頭帕的時候，新郎要當心握緊，否則被衆兄弟們搶了去，便要用金錢續回．

挑了頭帕，新郎新婦同進新房，案兄弟們把燃燒着的爆仗向新房擲進，喜娘旋即把房關上，這便叫做「送房」．新婦下輿和進新房的時候，孕婦和孕婦之夫要避開，俗謂之「四眼人」，否則將來新夫婦便不和睦．

禮畢，新婦更衣，把原來的紅衣青裙脫去，換過了鳳冠霞佩大紅．堂中設喜筵，新郎新婦偶坐，席前設雙酒，用紅絲線交繫杯耳，謂之飲「合歡酒」．案兄弟四人陪坐，席間說許多吉祥的話，有時還要新婦跟着說．謂之「提四向」．這樣叫做「吃暖堂飯」．

次日婚後的第一先行廟見禮．新婦披着大紅霞佩，戴着鳳冠，由夫家長輩的女屬帶引，八音伴送，到宗祠謁祖，次回家拜舅姑和親屬，受拜的人均具錢銀或金飾賞賜，這叫做「拜錢」。晚上，姑與之宴，家中婦女四人或六人為伴，新婦居中，謂之「代飯」。席散，隨着就是「弄新娘」。

弄新娘的方法，先由案兄弟們預備「四句」多種，和困難的遊戲，要新婦跟着他們去說去做，若是說不到和做不到的時候，便要受罰，所罰的東西，大概是金錢，菓品，餅食之類。若是跟着他們去做和說，新婦便被人說為人粗鄙，所以做新婦的，對於一切的「四句」和遊戲，往往是不說不做，寧願受罰。

三日，新婦入廚，親洗滌造飯（這是一種形式），謂之「[illegible]」。是日女家遣弟或姪攜飯到探，謂之「探新房」。至午擇了吉時，新婦便把鳳冠大紅脫下，換過禮服，貧窮的人家便換常服。由這天起則要侍奉翁姑，但不吃男家的東西，食物是每日由母家送來的。婚禮的舉行，男家宴客三天，以後便一切如舊，過了七八天或旬日，擇吉期歸寧母家，謂之「回門」。

「下渡」還是風行「不樂家」的習俗，歸寧後，除了時節和長輩生辰，是不回夫家居住。「樂家」的年期，往往在十年以上，除非有了小孩子。她們在母家依然過着女兒的生活，還有些能夠自立而又有「相知」的女子，結婚後，寧願給丈夫多少金錢納妾替代自己，至死的時候才回夫家。死後，受夫家供奉祭祀。這叫做「賠身價」。若不賠身價銀而又不回去的，夫家便常常到母家索人吵鬧，並且死後沒有香火供奉，就是死的時候也不能回去。鄉間的女子，迷信很深，她們相信人是永生的。她們不求生時的寄託，而求死後的歸宿。所以許多不樂嫁的女子，都寧願替丈夫納妾以自代。

以上所述的是男家的情形。在女家方面，女兒過了文定，便等待男家把結婚的日子送來。但是訂婚的事情，嚴守秘密，不給女兒知道的。直到大禮之前一天或二天，預請齊了伴嫁姊妹到來，騙了女兒入房中，然後才由父母把結婚的日期告訴她，嫁娘便開始喊嘆，姊妹和嬸嫂們便輪着整天對嘆，這便叫做喊嘆日。從這天起，嫁娘便不出房門，不梳妝，有些還不吃飯，整天坐在床上，往往喊至口渴聲嘶。喊嘆辭的內容，大概是當作自已將亡，喊人把她的靈魂拯救出地獄．把夫家比作地獄，彩轝比作棺材．當她喊到那個人的名字，被喊的人，便要上床和她對喊．對喊者的喊辭多屬安慰性質，但也有自嘆身勢和怨命的（歌辭見第十章）．從開始喊嘆至還要的一天，嫁娘房中是川流不息的擠擁着人，愈富有的人家愈是熱閙．

婚期前一天是搬嫁妝，不論貧富的人，都要購置妝奩給女兒陪嫁，在婚禮舉行的前一天便送到男家．妝奩的多少，看家庭貧富或禮金多少來定．普通則有下列各種東西：香案一副，八仙木枱一張，木椅數張，房中枱椅一副，木櫃一個，木椅兩個，面盆架一個，面盆一個，脚盆一個，洗衫盆一個，便桶一個，鋪蓋一副，皮箧一個，金盒一個，鏡箱一個，紅盒四個，衣服，金飾，茶杯，飯碗，筷子，匙羹，剪刀，尺，担干，綫落等日常用具。

至迎娶的一天，彩輿到後，媒婆便捧着梹榔到嫁娘房請嫁娘梳妝，伴嫁姊妹們把房門關上，嫁娘一面喊嘆咒罵媒婆，姊妹們要媒婆給予若干銀錢買糖菓，這叫做開門利是，待媒婆答應了，才開門放媒婆進去。媒婆入到房中，照例是獻梹榔，但不敢久留的，她常常要提防伴嫁姊妹們的作難。媒婆雖然請了梳妝，但是不到晚上十二時嫁娘是不束裝上彩輿，有些還鬧至五更時候，而在梳頭和束裝時，又經過和好命婆喜娘們幾番爭扎。

在上彩輿的時候，新娘頭戴花冠，蓋着頭帕，而不外露，身穿紅衣綠裙，腰纜絲帶，足穿紅鞋，座前燃着龍鳳燭，喜娘背負新娘出來，拜天地，拜祖先，別家人，她的卑輩又向她送行，新娘喊着祝福母家的好話，有些做母親的，捨不得女兒出嫁，那時便會悲切起來。新娘的足是不許履地的，據說，若是履地，便會把母家的好處帶了給夫家，因為地下有泥，泥是代表母家的財物。拜別家人，喜娘便負着上彩輿，好命婆跟着撒米，這是致桃花女的遺事。

嫁娘登輿去了，女家的親友近地的便回自己家中，以後便讓男家熱鬧。至三朝——婚後第三天，男家送燒肉回來，又像禮餅一般的分給親友。待男家擇了吉日，才送女兒歸寧。

第十章　下渡的民歌

民歌的類別有兩種：一種是童謠，一種是吉凶慶吊時婦女的嘆辭．前者許多是歌詠日常生活，當地的風土人情，但也有許多是無意義的，只講音韻和諧，合於兒童的口吻．後者完全是情緒的表現，憤悶的伸訴．在婦女歌辭中也有兩種：一是結婚的嘆辭，一是死人的哭辭．她們的嗟嘆歌詠實在是發之於情而形之於聲的，除了給死者的祝福和給生者安慰和慶賀之外，便是把自己生平的失意、抑鬱和抱負藉着這個機會來盡情發表，所以她們的歌，也可說得很有意思，現在把下渡民歌述之如下：

第一節 童謠

(一) 月光光

月光光，照地堂，年卅晚，摘檳榔，檳榔香，摘子薑，子薑辣，買菩薩，菩薩苦，買豬肚，豬肚肥，買牛皮，牛皮薄，買菱角，菱角尖，買馬鞭，馬鞭長，頂屋樑，屋樑高，買張刀，刀切菜，買籮蓋，籮蓋圓，買隻船，船有底，浸死區家婆兩個仔，一個泡頭，一個沉底

（二）苦蓮仔

苦蓮仔，苦葯葯，大姑来到妗嘻留，又叫姑爺揾的
生意做，莫佢長時應着外家頭，前日趁墟睇見佢，手拿
一隻蓮湯碗，背後孖單背又陀。莫騙我，莫騙誰，前日
趁墟睇見佢，雪白手巾搭傘柄，行路斯文佢個至係渠。

（三）亞哥哥

亞哥哥，撑船過海買綾羅，買倒綾羅歸妹着，着起
綾羅探大哥，大哥出来、無説話，大嫂出来説話多。

(四) 西媽媽

西媽媽，點燈落塘摘水瓜，水瓜欄埋棉豆樹，棉豆欄埋桂木瓜．初三初四契娘嫁，買盒胭脂水粉契娘搽．搽白面，似觀音，着起花鞋坐轎心，辮頂又長腳又細，咁好花鞋差落泥，咁好白飯喂貓仔，咁好姑娘嫁錯婿

(五) 雞公仔

雞公仔，尾彎彎，做人新婦甚艱難，早早起身都話要，眼淚唔乾入下間．下間有個冬瓜仔，問過安人老爺煮定煎，安人又話煮，老爺又話煎，煎煎煮煮都唔中意，人老爺惡，拍起枱頭罵幾天，三朝打爛三條夾木棍，四朝跪爛九條裙，咁好花鞋都跪爛．咁好紅裙都跪穿．

（六）鷄公仔 =

鷄公仔，尾婆婆，三歲孩兒學唱歌，唔使爹娘教導我，自己精乖冇奈何。

（七）麻雀仔

麻雀仔，担樹枝，担上墻頭望亞姨。亞姨梳隻望郎髻，帶朵紅花伴髻圍。三隻龍船邊隻係，打鑼打鼓送亞姨返歸。

（八）人客來

人客來，提鷄劏，鷄話唔好劏我，留番我喺後園[illegible]

垃圾，劏我不如劏隻鴨；鴨又話鴨毛多，劏我不如劏隻鵝；鵝又話鵝頸長，劏我不如劏隻羊；羊又話羊角尖，劏我不如劏隻馬；馬又話我會送官出埗頭，劏我不如劏隻大水牛；大水牛又話我會耕田養人口，劏我不如劏隻大鳥狗；鳥狗又話西邊賊來我又吠，東邊賊來我又知，劏我不如劏隻大肥豬；豬又話我朝食主人三斗糞，晚食主人三斗糠，食左我一件肥豬肉就會疴到大天光。

（九）介蓮子

介蓮子，介蓮塘，介開蓮子攞何方，何方何方何別處，東方東別來，九月九，齊齊動起菊花手，請個雷公來劈手．

(十) 飛飛轉

飛飛轉，菊花圓，亞媽叫我睇龍船。我唔睇，睇雞仔，雞仔大，提去賣，賣得幾多銀？賣得三百銀。金腰帶，銀腰帶，請個婆婆出來拜。

(十一) 噯姑乖

噯姑乖，噯姑大來嫁後街，後街有的乜嘢賣？有的鮮魚鮮肉賣，又有鮮花戴，我姑戴唔徙，放落床頭老鼠拉，拉去邊？拉去大新街，大新街又有花鞋賣，問我姑買唔買。

(十二)歌仔歌孳捐

歌仔歌孳捐，你係姑婆我係孫，今日姑婆孫女嫁，點得錢銀買朵花，一分二分都係咁話。

(十三)蠄蟧蟧

蠄蟧蟧，日夜耕絲有件袍；蛱蟽蟽，長衣套短衲。

(十四)打大髀

打大髀，唱山歌，人人話我冇老婆，啇起心肝娶番個，有錢娶個嬌嬌女，有錢娶個瘩皮婆。食飯滄得多，痾屎痾一籮，痾尿沖大海，痾屁打頭鑼。

（十五）天紅紅

天紅紅，賣禾蟲；天白白，賣蘿蔔；天黑黑，賣豬骨。

（十六）新抱抱（新婦）

新抱抱，食個煎堆大個肚。

（十七）點腳棚棚

點腳棚棚，南在南山，南山在東，鯉魚蝦公，牛蹄馬蹄，腳趾與鈎疏比（只得其音，不知其意），誰人收起一隻爛臭蹄。

(六)落大雨

落大雨，水浸街，亞公担柴上街賣，亞弟穿花鞋。

(七)鹹魚頭鹹魚尾

鹹魚頭，鹹魚尾，大哥偷食賴賞你，唔係你都係你

第二節

結婚嘆辭

婦女嘆辭是發之於情而形之於聲的，情感是各人不同，所以嘆辭的辭句和內容也沒有一定，不像童謠中每個兒童所唱的「耕種仔」或「月光光」是同一的唱法，比方姑和嫂對嘆，如兩人的感情是好的，便互相勉勵，互相安慰

．若感情不好的，使互相咒罵，我們試拿結婚嘆辭第十一和第十二兩首比較，便可以很明瞭這點了．第十三首是大姊哭妹．做大姊的因為不滿意於夫家的待遇，便藉着這個機會來訴苦．但總而言之，也不外各說其心事罷了．她們的嘆辭，是在哭的時候，很自然的從心中流露出來，很少有文字的記錄，所以搜集這種材料，比較艱難．未婚的少女們，在閒暇的時候，便三五成羣，聚在一起，互相酬答，互相唱和，許多嘆辭，便這樣地產生和湊合．

到了喊嘆的日子，伴嫁的姊妹和親屬便集聚在嫁娘房中，整天輪流喊嘆．到賀者是給嫁娘賀喜，但是嫁娘自己，是當作自己將要死的一般，用“黃泉”和“鬼門”等名字來替代婆家，埋怨父母把她出嫁，這是一種風氣，不論嫁娘的出嫁是願意的或是不願意的都是同一樣的咒罵。她們喊嘆的時候，是真的流下淚來，並且有時還很淒切。大概這是搶婚時代的遺習。現在把調查所得的嘆辭述之如下：

（一）姊嘆

「雙天」個雙為你父，「天地」安排係父娘、出「罷雙」「天」又吊武．你「九王」遊臘已非凡．姊妹「雙人」自古長久伴，唔想「金牌」入宅你母悪推辭．「雜七」個雙為你母，七星入宅旺丁財．「雜八」個雙為八寶，八仙賀喜妹低年．姊妹「雙娥」自古長久微．無情「雜五」是高年．「至尊」一雙為妹大，無情「雙梅」是高年．身着長衫重行禮義，又叫丫環担板凳近身前．你姊又想起紅頭更怕搶，唔想斧頭責落幾咁孤寒．你姊家貧又想担水賣，唔想鈴鉢欄住困監房．（嘆天九牌名）

（二）嫂嘆

忽聽我妹悲聲頻入耳，感動我傷情忍淚難．意欲開言陪伴妹，又怕失禮香房眾位人．我自係才疏學淺女，村愚俗女有書囊．我妹海闊汪涵人量大，莫怪我薄荷仁義欠相陪．我蟬蛻無腸難度日，你嫂龍床坐下慢閒言．恭喜你貝母萱堂身壯健，老如松柏旺丁財．賀起我妹歸身龍鳳配，我妹蝶硝容貌去官門．等我妹舉案齊眉長久日，婦隨夫唱樂休悠．我自係得聞妹你紅東日，我憂愁煩悶到今時，叫我點捨得細參賢妹別，今日半夏分離折雁行，共妹分離難講話，少我姑娘百合共傾談，往日苦心有賢妹解，今陣我青礬又少，妹開懷，我滿腹茵陳無計教，我鬱金愁苦淚千行，我羽箭桃仁難效力，初開盤古都要用烏梅，我妹沙參莫話長怨恨，月老安排注定來。嘐在胡麻心緒亂，我自有杏仁來探妹高門，我妹玉桂粧臺還自重，莫話鹿茸請減為憶親娘，等我白芷書詞來往寄，木通傳過妹姑娘，你莫話得會水君忘貝母，你要歡心回步探親娘，你暫別知母令堂三兩日，他日鳳引金龍轉宅堂，個陣姑嫂川蓮還再會，相逢姊妹笑開顏。（嘆藥材完）

(三)孀嘆

男子上京抛白馬，女子上京原是四人抬，男子科場三個月，女子科場三日有布條画．皇帝有書來召請，請我姑娘上朝登殿做娘娘．身着龍袍懷玉鳳，手揸牙簡伴君王．身纜絲滔霞佩襯．兩行文武接姑娘，脚踏金街行正巷，重有貴人扶助我姑娘．金字彩門掛正面，祠堂門口搭㗳八音棚．轉入祠堂第一踏．看見兩行書友讚姑娘．入到祠堂第二踏，看見兩行公座接姑娘．轉入祠堂第三踏，看見祖宗神樓極蘇杭．神樓上頭有個金字扁，福祿丁財四樣齊．轉出金蓮移步轉，看見屏風樓上畫㗳金龍．返出祠堂四邊看，又見兩旁詩語極蘇杭．

（四）嫂嘆

我行到堂前舖地錦，又見滿坐親朋好似百日紅，檢手行埋檯案上，賀喜宗親蘭桂發丁財，賀起你父頭戴雞冠紅石頂，着齊朝服接星期。你母含笑在堂人叩賀，參娘松柏壽添長。令兄丹桂手扶陪萬歲，石榴蓮桂賀嫂粧臺。行近夜蘭我妹香閣內，又見美人嬌妹眾姑娘。我妹國色天香容貌肖，九里香聞我妹飽學才，枸杞花香我妹成長大，好似芙蓉花貌更清奇。玉繡成球我妹親手接，招得白蓮君子定姻緣。好似紅白二蓮花並蒂，他日結成蓮子在高堂。你嫂好似寒梅開過雪，又得瑞香兒子近我身前。我好比夜樹開花常帶悶，又得我姑清香玫瑰解心煩。須得黃菊口糧些小有，白飯山茶過日晨。你嫂日望觀音蘭庇佑，我子萬壽菊英雄到白頭，堂上翁姑松柏茂

．你嫂效「水仙」刀愁過日晨．（嘆花名）

（五）嫁者嘆

自係「吊蘭」身起痛，「石榴」流淚暗消魂，白飯「山茶」難入
口，「夜蘭」香夢暗担愁．即古「萬壽菊」在家長過日，點想過
着「韭芽」開口命歸魂．「玉繡」成球又被風打散，「雞冠」提起令
我添愁．唔望「夜蘭」含「笑」語，添油「燈盞」細傾談．難捨「美人」
「嬌」細幸，又遇道蘊利舌要分離．手指「白蟬」又想強內忍，
「木樨」條路去修行．辭別「海棠」又有回轉日．九「里香」離苦斷
腸．你姐好似「庚嶺之梅」陽壽夭，朔青年早別陽，身比「木
棉花」蓋「鑑」，「玉蘭」條路惡相逢．叫我毋花散「金銀」功德做，
又等佛「祭」神照救返陽．求請「觀音蘭」花佑，救得你返陽「百」

日紅・點得「紫薇」花救難，返陽同妹「素心」蘭。個陣與妹「瑞香」「含笑」語，「水仙」言語說到大天明。（嘆花名）

（六）陪嫁妹嘆

近日漢朝興國運，故此有女兒英勇保山河，我姊文武全才人本領，地理天文曉到齊，筆算就心靈曉到透，地球山水盡知情。今歲漢朝又有科舉考，高才唔用作文章，太后君王傳下旨，頒行天下訪高才。聞得粧臺你遊各埠，又到日本、呂宋、英、俄國內遊。男子遊行三五載，我姐三天遊埠轉回堂，個陣太后賜名封誥你爹娘俸祿齊。故此小妹到堂來道喜，一心來看姐登程。我並有筆近來餞別，有些微物送過粧前，伏望高年姐你接納，高年明曉妹家貧．

（七）陪嫁妹嘆

坐落繡房我姐芸館內，又見到位佳人齊唱和詩文．
我生長寒門書少讀，不及佳人廣學才．日夕所聞蘭妹說
，合府謙和海量人．我俗語粗言又怕唔合款，萬望佳人
列位要遮門．令孀辰宿列張華壽旦，秋收冬藏慶壽筵．
成歲閏餘你孀花甲上，不息川流拜壽齊．容止若思到你
譚府上，適如充腸酌壽筵．又聽得鼓瑟吹笙齊奏樂，唱
出高冠陪輦拜君王．禮別尊卑我全未曉，你妹治本於農
過日晨．親戚唔嫌奴歧舊，待奴同氣似連枝．又遇我姐
玉出崑岡遊列國，海鹹河淡去飄洋．個陣高蹟九州遊覽

樂，散處逍遙各埠遊，我姐稅熟哥新回國內，豪居閑處
伴君王，束帶衿莊朝太后，陛階納陛拜君王，貴父事君
我姐人孝行，左達承明拜令堂，我悚懼恐惶才學淺，審
詳難答姐粧臺，設席肆筵我姐還要用，畫眠宵寐抖吓精
神……（嘆字序文）

（八）孀娘嘆

你孀腳踏桂枝入貴地，賀喜低年玉桂別爹娘，恭喜
你曾祖宗親神列聖，保姑紅花移步過高門，我姑生地初
行心胆定。你父為梅買定伴粧前，你也曾向伏神來許願
，保妹淮山來往路安然，重要我姑白礬宜保重，天冬尤
帶着衣裳，與姑半夏分離喈在苦，他日歸身回宅又相逢

·貝世于歸從古禮，你兄金銀花散辦粧奩·我妹本是木
通靈利女，白芷書勸慰父娘·我妹杞子英雄人讚羨，見
妹花容月貌賽京城·我妹輕粉薄搽人消麗，麥芽桃口伴
朱唇·我妹好似人參明道理，你嬸滿腹茵陳訴落來·自
係歸身黃宅內，古話福花常盛有鬱愁·點想薄荷條命醜
·大王出今搜枯凡·澤瀉丢拋無日肴，辜負高年守節為
天葵·你嬸獨活在陽無倚賴，寄生條命為家娘·可惜你
伯金松年紀老，金銀花盡捱淒涼·雖則黃菊米糧些小有
·就係淡竹飢微本份捱·你嬸自恨蟬蛻無腸難轉動·唔
係就飛去白芍菴堂過日晨·枸杞花開落喉葉，飄零樹上
咁孤寒·犀角枕邊常下淚，鬱金成病吐鮮紅，唔望硃砂
冇定脈，口含甘草自開懷·思起車錢難合眼，總係伏苓

靈利變癡呆．「五味」到枱難入口．「桔梗」心頭點落腸．講極「椽絲」難下氣，要姑傷神珠淚流．請妹息番銀眼淚，香茶唉飯抖精神．（嘆藥材名）

（九）嫁者嘆

請嫂入房來坐落，指教低年「土伏苓」，你妹「地骨」收埋難見面，「沙參」含淚少年亡，只細「大王」無眼核，「勾藤」「附子」又分離．「白芷」寫書無路寄，「首烏」泉下捱淒涼．可惜青皮年少女，「銀花」難買命返陽．枉費我「母丁香」求拜佛，「伏神」唔佑錢虛閑．「山甲」墳前無帛貴，「雲苓」飄蕩見孤寒：「知母」在堂思女苦，望嫂「羚羊」閑解老尊年．你妹「荊芥」歸心長念嫂，保佑我嫂「川芎」萬事賽贏人．囑爛「青梅」難下氣，由如巴豆哽心頭．你妹運醜遭逢鬼羽箭，射離琥珀要歸黃．今日見母歸陰含血淚，香附親娘養育有功勞．共嫂澤瀉傾談容易過，今日常山獨自嘆更長．你妹命盡句藤無藥救，應該條命喪米蒼，想必前世枇杷做錯事．故此今日分離嫂共娘．蒼朮無能難在世，墳頭甘草易生長．望嫂木香爐上炷，白芷燒來妹當買路錢．總要五味擺開等我魂轉宅，你妹人參唔服少年亡．總係神曲催魂無可奈，恐防蘇葉累爹娘．枉費黨參我嫂勞盡氣，金銀花散為屍骸．哩噲盡過少年如鳳尾，百添長壽似金松．（嘆藥材名）

（十）嫂嘆

你嫂為歸入貴府，賀喜我妹桔仔英雄過別門．你父

「元」眼高明能擇婿，又揀倒「香」橙結鳳鸞。昨日媒婆傳到東
．要妹「合」桃早就百年緣．你母「檳」榔來領落，佳期明日要
「沙」梨．「椰」子妝奩全副辦，打扮姑娘「紅」棗過高門．我妹就
「西」瓜緣份大，故招「櫻」桃才子結佳期．你嫂閒得「楊」梅傳東
入，「石」榴流淚為分離。你嫂「芒」菓大心人有義，故此粗造
無席餞姑娘．素識姑娘人度量，斷冇執怪嫂青梅．我妹
「蓮」子細心明禮義，故此「香」瓜名號遂傳聞．「白」菓生來你嫂
常帶悶，又得我姑「金」錢桔就解心煩．你嫂汪正「油」甘係命
苦，「花」生人世冇舒眉．「甘」橘輭枝你嫂無勢力，「波」蘿生勤
惹人嫌．「白」杬青衣你嫂無替換，黃皮骨瘦為家貧．「山」橄
過村來度日，全無「粟」米隔餐糧．「生」蕉無門家底薄，「香」芽
蕉悶捱淒涼．人地「菱」角嘴尖憑個口，你嫂「碌」柚粗過愚蠢冇

學才．就話憑「五指香橼」來揾食，你嫂毫無技藝可以撑持．好似「萍葉」飄流無定着，不若「南華寺」內把身藏．你嫂唔望「枇杷」來再弄，但願「菩提子」內肯收留．你嫂拋却「檸檬」離宅去，「葡萄」離核嫂離愁．「萬壽菓」望天來賜落，我姑食過與天同壽慶齊眉．「黑葉荔枝」紅運訂，我姑「風漂」風流好運行。旺起良人生意順，我姑丁財兩樣齊．但陣文武兩邊排隊伍．禮接姑娘進上朝．吩咐「楊桃」來伴妹．我姑蓮輿坐下莫慌忙．我姑「入奉母儀」家教育，曉得「上和下睦」家家人．「禮別尊卑」我姑明道理，就係「婦隨夫唱」效三從．「玉出崑崗」要妹離父母，「孔懷兄弟」送姑娘．總係你暫別椿萱唔用掛，你要「適口充腸」進飯茶．「露結為霜」寒冷凍，「乃服衣裳」係重全．（嘆生菓名反千字文）

（十二）嫂嘆

你嫂芹菜買歸來過妹，你要勤回脚步探親娘。我妹係緣葱伶俐女，滿腹經綸好便才。蕹菜落塘浮水面，你嫂好似大海撑船冇岸頭。水瓜欄籐棚頂上，荳芽屈在甕中藏，節瓜生毛人重愛，你嫂生薑咁辣至人嫌。韭菜實心你嫂唔曉事，故此話嫂番瓜狼毒治家婆。蘿蔔苗長話嫂狡亂國，又話你嫂白瓜白面似奸臣。欲效葫蘆冇吊頸，我芥蘭留命睇他人。竹笋雖尖唔畏懼，斷無藤莧敢來纏。沙葛心腸又想你嫂條命盡，你嫂睇念茨菇憐愛自閑懷。豆角上棚又有青葉伴，芫茜樹小有香頭。波菜出頭終有日。冬瓜棚上看輸贏。生菜留還來擺會，黄芽白菜會齋慈．「芥菜」戒開葷，佢唔見面，「白菜」雖寒聽自然．「昆達」菜低微重有人愛食，你嫂苦瓜咁苦落「薑頭」．你嫂「番薯」愚絲女．點學「蒜頭」尾度人．「芋仔」刮衣留下訂，「莧菜」鬚長把命捱．「荷蘭豆」有銀化能話事，「矮瓜」無用點稱強．（嘆瓜菜名）

（十二）嫂嘆

你嫂步入蘭房恭喜妹，賀起低年結鳳鸞．聞得高門傳東到，你嫂枕邊流淚為分離．自入貴居又得賢妹伴，萬分提點有姑娘．難捨姑娘賢淑女．總係吉期臨近惡捱辭．你暫別爹娘唔在掛，晨昏侍奉有高年．總係我姑初習婦儀就覺苦，亦要玉體安眠保重全．免至尊君慈意念．但得竹報安寧你母樂懷．今日有義姑娘無義嫂，有口粗造錢別陪．打掃廳堂移正位，請我姑娘埋席飲杯巡．
酸枝枱圍雲石面，四邊枱角設花球．公座椅八張移到正
．枱圍舖設極輝煌．椅搭繡成龍引鳳，繡出天仙神女進
香茶．四便擺齊金筷子，象牙鑲玉做茶壺．鑲瑙匙羹藏
八寶，珊瑚酒盞作出生龍．斟起兩杯玫瑰露，再來奉盞
五加皮．素悉姑娘人海量，飲多唔醉重精神．菓碟整齊
排正面，你嫂手粗唔會湛花紋．初碗鳳凰來宴飲，我姑
鳳凰一對百年長．二碗係白糖花會點，酸薑切薄熱燒鵝
，三碗白肉燒成紅肉樣，我姑一路英雄到白頭．四碗鮑
魚肥肉燉，你娘養育有功勞．五碗蛋糕魚片捲，彈通條
路我姑去高門．六碗生蠔又係魚肚會，富豪才子定佳期
．七碗魚丸又係生菜會，生來緣份賽高人．八碗雞蓉又

俾魚趙會，我姑餘錢剩飯使丫頭，九碗豬腸唔計數，外家條路好長行。嘆餸乞

（十二）姊嘆

你姊即似蜻蜓投錯網，入身容易脫身難。重話你姊「蟛蜞」橫行因時勢，點曉你姊命醜焉能鬥得命雄。睇見王婆如鐵鬼，「大」蛇開口就想吞人。點得佢變成「蛤蚧」樣，又等「大」蛇拉佢過江遊。「蝴蝶」飛高難免死，「田螺」終要揾孔藏。佢面起橫紋「蛇」咁惡，睇真眉目似「生」龍。只細我娘唔會揀，又揀倒「黃蜂」巢內葬屍骸，「百足」爪多佢又恃人眾大，就係殺人唔使命來填。故此欺負你姊「乱」世尖頭無腳力，外家無個有能人，「蠶蟲」吐絲重有用，要錯你姊「木乱」粗呆

似木頭，點學佢「蚊」「蚋」飛高彈唱好，佢面慈心毒會針人．

「曱甴」會飛重本事，你「姊」「蚯」「蚓」藏泥本事無，欲想「灶」「蝦」哩會

嗇搵食，總係肚餓難捱要學「烏」「蠅」．「黃」「蟻」見糖唔願走，「狗」

風陰謀會食人．點得王婆「蟾」「蜍」病，佢陣雨到風狂拆賊巢

（四）嬸嘆

將近天明星斗現，吉星齊照你高堂．福壽星辰照正

你伯父，星君財帛照你兄台，你祖母親娘紅日照，老如

松柏步芝蘭．天喜星辰又照你嫂．紅鸞星照我姑娘，天

乙星辰又照你叙財常勝，你嬸聽見我姑開言好運行．五

色祥雲扶日出，五福臨門到你宅堂．五鼓寅時我姑提好

事，「雞冠」提喜好開言．你令嫂親手滿堂光點着，重有燈花齊咁賀姑娘．請得「紫薇花」坐鎮，「瑞香」爐上透天雲．保得你二位爹娘「松」「柏」茂，在家「含笑」看姑星期．你令兄「黃菊」良田多置業，你父「茉莉」收埋享萬年．「桂花」清奇係你嫂，又得「白蓮」君子定姻緣．我姑閉坐宦門多快樂，就係「月桂」勤回探父娘．我離隔「海棠」鸞鳳配，不是「九里香」離咁路長．你嬸好似「木棉花」有用，貪食思眠過日晨．望你叔多聽「金銀花」在手，憑姑吉星提過運通行．你地房內雁行列坐眾，列位佳人好似「百日紅」．我古語砌埋唔合聽，千祈「合」「笑」莫疏言．

第三節 死人哭辭

（一）做七哭母

只見黃泉條路長，過海，轉身回歸路見長．白紙拉橋
難過陰陽海，燈芯做橋難渡陰陽河．今晚祭祀愁快請，
漕下水大把行船．一請家堂和土地，伴魂童子帶娘歸．
就把天窗來打開，任娘出入任娘回，香伙祖先齊去位，
日裏唔行風水地，夜來冷靜返家堂，返到家堂魂椅坐，
坐在魂椅飲涼茶。燈盞一邊墻一邊，眼中流淚對燈前，
只見靈前不見母，兩行珠淚苦叫娘．孝子賢孫來祭奠，
到來拜祭母靈前．

（二）做冬祭靈哭姊

西出陰司到陽間，勸娘飲酒加紅顏，我姐分離真可

恨，唔好閻王喊响就要行．靈前拜姐從今晚，件人之者帶路還．石子結橋西天路，踏條光路返家堂．請姐陰魂來登殿，點着寒燈照住姐陰靈．三枝明香企在香爐上，心深懷念姐嬌娘．臘燭一雙企在香爐邊，連忙跪在姐靈前．背內親臨來祭奠，苦表真情酒下傾，奠酒三杯祈鑒領，願將魂夢報知情．消息三魂姐不見，空含珠淚不流停．筷子二雙酒二杯，連忙尊在姐靈檯．猪肉一條五更鷄，大魚各樣盡擺齊．糯飯一團共燒酒，酒飯入埕記念姐根由．亦有金山銀山和大樟，燒到九泉姐應用，我眼中流淚濕花容．亦有紙錢和寶仔，今晚特來燒落姐靈檯．亦有上溪和大寶，燒落陰間酧謝姐功勞．

（三）求晴

一請玉皇大帝來做主，二請觀音法主到來臨，三請五雷收雨返，收返雨水路好行。又請玄母娘娘來濾水，濾開雨行山水路中行。東邊起雲四邊開，門返天門收了雨，為娘條路水求晴。三牲一副齋一桌，深水大魚齋雞兩副齊。紅紙剪成白紙告，告准九泉條路免收銀。

（四）散髮哭母

昨日叫娘還食飯，今日叫娘唔應戰閉閉。我母壽元唔該盡。唔好鬼王日夜到來尋。頭髮散開來孝母，散開頭髮兩洪淋。首飾除下收藏謹，白衣齊着來孝我娘身。絲髮衣彩我無份。散披頭髮送母落九泉。肚裏思量心不忿，滿腔愁苦為我母喪魂．幾句言詞來祀母，九泉之下莫悲愁．地府不須長掛念，滿堂兒孫拜我母靈前．

（五）哭姑婆

情慘切，淚汪汪，齊叫三聲人興旺，招財進寶滿家堂．腳踏青鞋頭上綁，青線緦麻服色影流年．影過流年人興歲，百事高強萬事勝．為娘身邊路難行，無姐歡迎真可恨，今日迫住路中行．塘基又長舉步趱，為娘舉步到來臨．鴉雀飛過三坑眼．白鶴朝雲在半山，望見黑雲遮住高山頂，點得風吹雲散姐還陽．雙鳳朝陽天註定，棋盤珠滿世又埋，萬兩黃金難買陽間壽，閻王做主世難留．轉過花街和曲巷，對對金蓮踏入姐家堂．入到家堂對姐苦，四時懷念姐嬌娘．相思兩字愁開口，粉骨離吹我姐落黃泉，老人歸世長久恨，生人難恨佢返生．

(六)煑飯哭嫂

洗米煮飯用水清，特來煮飯敬嫂尊前．一碗庄埋坐在頭邊上，筷子一雙兼共盅．今日我嫂登仙閣，竈前燒火談悲傷．兒子滿堂都悲切，憶嫂唔遮苦斷腸．今日都還見嫂面，自後難逢見嫂在家庭．我嫂黃泉行好徑，陰間條路有相連．雖則離陽終有日，但係唔曾嘆過嫂世情．黃泉條路眾人過，唔估我嫂今日就與世辭．

(七)買水哭世

隔巷交車忙步趨，白鶴飛埋一雙雙。人人三更得陣睡，你女三更流淚水湧渠。連遍响三聲驚動里，兩行珠淚濕衫襟。步出巷口是塘基，為娘買水甚傷悲。連忙舉步出村外，遠望河邊水渺茫。舉步過橋臨水閘，水中雲影白茫茫。再過小橋臨曲徑，梅子青青墜兩旁。鴛鴦一對尋佳偶，不知人間苦斷腸。百鳥歸巢叫聲蕩，點曉愁人兩淚汪。手執銅錢三十雙，持來交轉海龍王。名香三枝來點着，臘燭合成共一雙。筷子二雙茶二盞，魂牌坐落椅高欄，連忙跪下福參敬。望娘笑納可知情。各物齊全神鑒領，銀寶燒焚及紙錢。辭別水神歸鄉黨，轉身移步返家堂。回到家堂為母洗面，紙錢洗面落黃泉。手執清河水一盆，叫聲無母坐無聞，頭髮披散身着白，孝娘不用錦羅裙，步上巷頭和巷尾，肚中含苦淚飄零。塘中有魚蝦為主，家中無母怎支持。入到家堂見世面，口含珠淚苦憐憐。清水一盆共娘你洗面，洗淨魂身上天庭。

(八)洗面哭母

一洗家娘福壽滿，今生難共世團圓。二洗家娘禮份厚，黃泉條路有田頭。三洗家娘豪光光，庇佑孫兒福壽長。

(九)燒錢尊輩哭卑輩

左手燒錢過你右手使，等你黃泉條路有盤錢。右手燒錢過你左手用，陰間條路有從容。萬里程途皆是用，不須勞碌在九重．逢山登岸逢橋過，等你三魂七魄渡銀河．

(十)走七哭母

入到村塲問村主，問過我娘如今在何方．一路行程魂飄蕩，今日無娘做主入家堂．入到塘基沙仔地．塘邊水影月娥眉．有母在堂來到先叫女，無母在堂女倚向誰．菊花開齊盤爪樣，聲聲啼叫為有娘．牡丹花好人插盡，係我孝娘不是插花人．大海水乾都還有轉步，涌水長流難得轉回頭．亦有花針跌落黃茅籃，搵針容易搵媽難．來到巷門叫句母，唔見我娘心事亂如麻．轉身又叫娘魂影，叫娘速步到枱前．寒燈一盞枱中點，照住我娘好行程·伏乞娘親來登殿，抬前拜請母陰靈·步上抬前來恭請·低頭下跪表真情·唔好閻王收母命，就想一時喊响不饒情·我母養兒受盡勞苦·十月懷胎母磋磨·母眠濕時女眠乾·移乾就濕母須寒，養大女兒功使盡，十大功勞如今盡化塵·今世未曾報母恩，來世相逢都係路邊人·

（十一）承靈哭家姑

孝白一條掛在門口上，滿堂兒孫孝家娘·壽字燈籠掛一盞，照娘魂影返家行·我地陰靈坐在魂屋上，請來早晚共柱香，高樓望月光輝耀，雲開朗月照家娘·伏乞我娘來坐殿，抬前敬請母知情·亦有三牲和十碗，請娘

笑納莫飢寒．筷子二雙茶二盞，魂牌坐落椅高欄．三牲
一副雞一隻，深水游魚樣樣齊．亦有香茶和菓品，請娘
慢飲細思尋：重有銀粘白米飯，共埋燒酒在窝頭．我母
得來充饑餓，免至寒苦日耽愁．對月幾多人快活，獨我
多愁多悶積如山．金罇不落愁人肚，為娘心事盡丟悶．
借問嫦娥如有恨，光明何苦照人間．不覺城頭敲二鼓，
寒燈一點照愁顏．別了陽間歸陰境，陰司條路好行程．
山高水深難進步，又防我母失路程．自古竹頭發嫩筍，
唔估我娘一去就不還，山上甜茶收入盡，獨係鬼王收母
冇處尋．想起此情和此恨，點能丟得個條心．一一淒涼
都表盡，望母聞知早來臨：無望今生重見面，無望閨房
共酌斟，無望花間談笑語，相逢盡是夢中尋．日裏耽愁

情不樂，又到夜來流淚五更深．哭母叫娘千與萬，心頭悲切自沉吟．

(三)轉頭哭母

昨日我娘頭向出，今日我娘頭頂祖先牌．上着新袍有錢件，下着羅裙八副幾自然．腳踏花鞋綉兩邊，又踏金銀珠寶趲路程．手巾一條冚嘢面，兩手握着銀寶伴身賬．一身打扮都齊整，裝整魂身我母上天庭．銀燈點起照嘢面，香案一副擺在嘢靈前．京菓五盤都擺定，敬奉親娘今日登仙．料必天堂有位迎接母，步上瑤池美掛連．逍遙快樂逢仙境，莫為兒孫掛及在天庭．

(十三)扣孝袍

今日命人趕墟返，各物買齊移步轉堂前．蔴仔大蔴都買定，壽碗齊全件件新．紅布一條掛牆邊，寫明寫白些姓名．又寫壽元娘生定，魂屋一間時興景，我些魂牌生落錢自然．筷子酒杯蓮花碗，魂牌水盆及香案，葵扇大帽買足用，孝男孝女有從容．壽字燈籠冬瓜樣，一來照陰二照陽．草蓆枱頭買錢張，得來拜請我親娘．孝白買埋有錢丈，又買紙錢及仙香．孝棚暫在山頭上，旛竹一條渡過我家娘．各物齊全今日都買定，待等明天送些上山前．

(十四)上孝

孝服齊全當天旺，兒孫穿着孝帶上天堂．身着黃麻
頭戴草，手拿孝服分家娘．頭戴簑笠身扎孝，着起麻衣
孝我母親娘．

（去過十二關
第一關門神守護．放娘過關記念你恩情．我娘生平
好似慈悲佛，不損凡間半點塵．第二關門亦有神把守，
誰人過往問根由．我娘做人賢孝婦，打開關門任母行．
三度關門須嚴命，若遇好心不容情，伏乞閻王開禁令，
准娘過往大恩情．四度關門有寬量，放娘過往大賢良，
天上蟠桃伯能想，步上雲梯好似海天長．五度關門都相
就，任娘出入任娘遊．我母到來無人守，好心賢母亂行

遊·六度關門任來往，我母到來志氣昂，自小做人有善
錯，瑤池接母上天堂·六度關門都過了，又到七關嚴令
羅難逃·花盆種蘭噴鼻香，來及我娘做事好心腸·來到
關門第八度，我娘受盡幾磋磨，萬望神明放高手，放娘
過關莫追由·來到關門是第九，打開迎接她來遊·把守
關門神忠厚，放娘過關有回頭·十度關門容易過，放娘
過關有幾何，自小愛人人盡愛，過關懷念守關人·十一
度關門都開了，我娘自覺幾逍遙，獨係勞碌雙邊常走路
，路程遠涉奈唔何·十二關門都開盡，我娘來往細問真
，忠心人過都相就，好心人過必定搜根由·

結論

從以上看來，我們知道下渡社會的組織是以宗法制度為基礎。族長和家長的權很大。鄉民以生活困難，經濟支絀的原故，人人須要各自謀生，大家庭制度是不能適應當地的環境，所以在七十六個家庭中，小家庭佔了百分之七一·０五，大家庭僅佔百分之二八·九五·人口數目，平均計算，每家為四·九三人·兩性的分配很平均，在三百七十五人當中，男性有一百八十六人，女性有一百八十九人。在幼年期中，男性略多於女性，至壯年期則女性略多於男性，大概是男嬰的死亡率高於女嬰的原故，這是普通的現象。鄉民的年齡，以壯年期的和幼年期的為多，這可以推斷下渡的人口將來增加很速。鄉民職業，多是傭工和耕種，其次是女紅，小販，商業，織毛巾，線彩，拉車等。各項職業中，以傭工收入的數目為最大，其次是農業的收入，再其次是商業的收入，而以手工的收入為最小。若以家庭作單位計算，每年收入最多的有一千二百六十四元，最少的僅六十元，多數是在二百五十元至四百元之間，平均是三百二十一元五角四分。生活費用的支出以食物一項為最大宗，雜項次之，衣服和燃料又次之，居住和教育又更次之，以衛生一項為最少。支收相比對，收入在三百元以下的家庭都是入不敷出的。每年至少有三百元的收入才能夠維持生活。耕種的方法，灌溉，輸運，收獲等工作，還是以人力為主，畜力副之。所用的農具，構造簡單，效率低、微，所以農產的收獲利益很少。在教育方面，因村內有學校三間，雖教育未得普及於全村兒童，然而兒童受教育的機會總比其他村落為多，且漸有男女教育機會均等的趨勢。娛樂及衛生等事，一方面因鄉民知識淺陋，一方面因經濟力量微弱，還沒有人注意改良，所以垃圾堆積，穢物載道，賭營烟賭及其他違法和不良的娛樂，常常可以見到。至於社会的風尚和人民的習慣大都和其他村落一般，在宗教方面，仍保持多神教的迷信，在婚姻制度方面，仍有買賣式婚姻和「不樂家」舊習的存在。人民生活儉樸簡單，耐勞習勤，所謂「日出而作，日入而息」，這兩句話便可以形容整個社會中人民生活的情態。

綜合以上所述，最足以使我們注意的就是下渡經濟的來源，傭工收入遠居於農業收入之上。這個現象，完全是農村崩潰的證明。牠的原因雖然很複雜，綜合言之，一則係受農業生產技術問題的支配，一則係受農村生產關係的影響。前者是自然的，後者是社會的。我們欲圖救濟的辦法，在消極方面，則努力排除農村經濟復興的障礙，以昭蘇農民困苦；在積極方面，則培植農村經濟發展的基礎，進而謀生產技術的改良。在中國今日的農村社會底停滯不進的情形之下，農民頭腦簡單，知識淺陋，一切事情，都要因循前例，想收到排除農村經濟復興的障礙和培植農村經濟發展的基礎兩者並進的效果，必須倚賴教育來做我們進行的工具，改造農民的心理，增進農民的知識與技能，使農村社會日趨現代化。現在下渡村雖然有學校兩間，可是創辦的目的，不過創辦者本着宗教的熱誠，一方面愛憐兒童之失學，一方面為宗教的宣傳，純然是以慈悲為懷，就是兒童畢業也不過是多認識幾個字，對於農村崩潰的救濟和農業耕作的改善是沒有多大帮助的。

下渡今日所需要的教育，是實用的，有計劃的，生產的教育，授農民以農業的知識與技能，變換其因循舊習的心理，尤須注意於成人教育．生產教育的內容，應注意於種子的改良，肥料的施用，和農具及耕種方法的改善，政府則從而獎勵之．對於種子的改良須設立農事試驗場，選擇農產種子試驗培植，指導農民播種的方法和耕地的選擇．因為有許多種子所需要的泥土性質是不同的，若在同一塊土地，把不同的種子輪年交換種植，一則可以使種子得着新的土壤和空氣，一則可使土壤交替休息而保全其生產力．農具的改良可使工作效力加速，這樣則農產物收穫必大，農民生活豐裕，那末，農村崩潰之慘狀或可減少．

農民生活問題既解決，便可進而改良娛樂與衛生

對於衛生的改良，當從農民的住宅和街道作出發點．農

民屋宇黑暗，空氣不流通，應使之多開窗戶，改建其泥屋泥牆的舊宅，另在住宅較遠的地方闢畜牧和糞塲所．於街道之旁建設溝渠，以免污水積聚．下渡鄉民的飲料來自珠江，江水污濁，且含有糞溺的成份，常為各種傳染病的媒介．為疾病的預防，須在村中適中之處多鑿水井以代河水的飲料，井底放置沙石，井的上面四圍加以石或士敏土的欄杆，使污水不能沖進去．增設農民俱樂部的組織，注意農民娛樂指導，編輯農民娛樂的材料．變更農民娛樂的態度，這樣可以除去他們不良的嗜好．新知識傳授既多，迷信和不樂家、以及一切惡俗自然便沒有存在的餘地了．

參考書：

1. 金輪海：農村復興與鄉教運動 民二十三年十二月 上海商務書局版

2. 第七次農商統計

3. 古楳：中國農村經濟問題 民二十二年上海中華書局版

4. 趙承信：人口年齡性別分配之分析 社會學界第八卷 民國二十三年燕京大學社會學系編輯

5. 嶺南學報第四卷第三期

6. 嶺南學報第二卷第一期

（出自岭南大学文理学院社会系，一九三八年）

增城縣朱村農家狀況

朱耀廷述
郭華秀記

位置 朱村屬增城雲都。距離廣九鐵路仙村站有三十里。位居橫塱村、南岡、龍尾岡、及甘新村、鵝埔村、蓮塘村、朱岡村、風符村、神岡墟之中。離增城縣城有三十里。

地勢 村居於一極矮細之坭崗仔上。崗之頂及四圍皆建築屋宇。惟有一小區空地。前作風水用。今則改爲操場。村邊四圍皆阡陌。屋宇之向。四面皆有。近南便有河一條。距村三里。

山嶺 村之南皆平原。禾田離七八里有山。山名風符坳。此山甚大。村之北約百丈有小山。岡名佛嶺。又離半里有一山。名上村。山多樹木。作風水林。其餘皆有小岡相連。又有小帶山亦頗高。全種山松。中有廟一間。山有水塘作灌溉用。村之東西約十里乃有山嶺。

戶口 朱村人口共計五千餘人。以姓朱居多。其次姓郭。其中姓陳者僅一二家耳。

土質 禾田之土質俱是沙坭。土色淡黃。山岡之坭是赤色。沙坭土亦頗肥美。

交通 船隻可來至神岡墟而已○但有石路一條直達神崗墟○凡欲往廣州城○可往仙村站搭廣九火車○至於運貨往省城等處須在神崗搭船○又有山轎可代步行○

墟市 神崗墟爲朱村管轄○離朱村三里有舖戶百二三十間○街二條○逢四七十爲墟期○每墟有猪仔一百隻○雞一百隻發售其餘牛、鴨、狗、貓、山獸與其他一切農產品及日用品物亦有○春天三月有荔枝苗、烏欖苗發賣○昔日無茶樓○近今新設一間○該墟頗盛○

風俗 該村於元旦日甚鬧熱○舞獅舞鳳爲樂○與鄰村互相來往○二月則開耕種植○二月十二則燒炮拜神將所有菩薩七八十位抬埋一處○於是各處到來參觀○極爲高興○清明省墓甚少○大約重陽省墓者多○四月八則往廟中飲佛湯○該湯係用黃糖與水所製○或有加檸檬葉者其意則佛爹洗身之意○飲之得福○五月初五端陽節則用猪肉拜神○夏至時八股先生則用荔枝拜孔子○七月六日則女界拜七姐不甚鬧熱○七月十四則用猪肉拜神○或焚化衣紙○八月中秋節則裹粽及用紙製成走馬燈玩物送與親友等○童子又請八仙○又用柿、柚、月餅拜月光○九月重陽則登高省墓○十月陽歷雙十節教會學校甚鬧熱。均休息一天。十一月冬至用猪肉拜神。十二月年尾用紅錢對聯黏於門口。及印餅與糖環等。又拜灶神。逢十年大會一次演戲巡遊。盡將所有菩薩每人抱一個或二個置於一處。

婚嫁一節。凡女子議婚已成者。則坐家一月不出門外。臨嫁則哭三朝。女子臨出門坐入花轎時。則請喃巫先生用鈴鈴之。而念奏數語俗云解穢。然後抬行。於是親屬送他出村外。男家則有鼓樂來接。妝奩費用。窮者三四十元。富者數百元。甚至柴米鹽油等皆有齊備。男家請酒連請三餐。富者設酒百餘席。每席菜約三四元。窮者不能請酒則開茶會。

殯喪之事夜間不請喃巫佬拜神。祗殯葬時請之。逢三七之期。則用喃巫佬拜之。

治安

耕田事業祗男界操之。女界祗有担飯與養猪、雞、狗、及孩兒等。朱村之內甚爲安靖。但朱村之外。來往路途常有盜賊打刼。及擄人勒索。雖有保衛團以保護人民往來。亦終不免有行不得也哥哥之歎。

教育

該村女界多不識字。男界各居其半。有國民學校一間。約有百三十男女學生。開辦已有十年。是朱惠全君所創辦者。朱君將自己一人財產約四五千元盡捐於此。其熱心殊覺可嘉。該處之基督教徒另有書塾一所。有學生廿餘人。有長老教堂一。及中華聖公會一。另有夜學。亦是國民學校之教員所辦。

生計 村人多操耕種。每人有耕至百餘畝田者。爲商者甚少。其中亦有數人往外洋。但多云往外洋不利。無財帶返等語。

農民生活 農民晚間無事則玩音樂、談話、圍棋、打技擊等。其中亦有些少賭博。

生活程度 其生活程度低於廣州市。猪肉每斤三毫半。雞每斤四毫半。大頭魚每斤二毫山草每担四毫。山柴每担五毫半。雞蛋每個二仙半。上白絲苗米每元十三斤。男女所服之衣多是粗布。其餘綢緞少服之。大約寒則用大成灰布、藍布。夏則用竹布。中等之家有三口者。每年衣食費用等約需二百元。建一屋宇約佔七分之地。需銀三百元。其人多樸實。與廣州廻異。

地主與佃戶 該村田多屬於富者。及太祖產業而批與窮者。耕種每年開投一次。多不能續批。每年例分二季交租。十一月交一次。七月交一次。。凡投者必要交足。。如果拖欠必須設法交足。。至於不足。。開投者可以减少。。甚少轉批之事。。批山崗之果如欖果等。。凡採得果一百斤者。。業主取十斤。。耕者取九十斤。。

田價與田租　禾田每畝肥沃者沽價一百元。。瘦者四五十元。。禾田租價每畝上者十元。。中者七元。。下者五元。。山園而無果者。。每畝約二三毫。。

種植情形　該村以種禾稻爲主。。其餘番藷、薯、蕷薑、芋頭、瓜、菜、荔枝、烏欖、蔗、爲副產品。。有種植公司四間。。一曰啟芳園。。二曰植芳園。。三曰曠興公司。。四曰某公司。。該公司最多種荔枝、烏欖、蕉、及器用竹禾稻等。。最發達者爲啟芳園。。其次植芳。。俱爲朱村人所辦。。山崗概種松樹。。

冬耕　十月禾稻收成後該田任由拋荒。。並無冬耕。。惟芋園地則有種菜蔬耳。。

畜牧　該村無大羣畜牲。。養牧爲人家有之。。大約每家例養猪雌一隻。。肉猪一隻。。鷄十隻。。大約有七成人養雞。。牛有百分四養之。。多屬黃牛。。每年養鵝有三羣。。每羣有百四五十個。。鴨亦然。。該處養猪獲利甚佳。但養鷄多人偷竊。故少牧之。今啟芳園、植芳園、亦有養猪。啟芳園養草羊一百隻。

漁業 在村中左右有水塘大細二十個。每塘俱有養魚。大約以大頭魚、鯪魚爲最多。其餘鱸魚、鯇魚。

農產製造 有酒米舖一間。糖搾一間。油搾一間。餘外無別種可言。

植牧技術 該都農業技術亦頗熟。烏欖籤枝俱由村人爲之。荔枝則用駁枝法。 該村朱乾福君對於醫牛疾病甚爲熟識。大約有六七成功夫。其中亦有一二位亦頗熟識。其餘猪雞羊等無人曉云。

農具 所用農具與廣州略異。其鋤長而窄。打禾則用枷板。非用禾桶。禾鐮則有鋸齒。并無用刨。俱用鐵鑊之木犂。至於犂耙等皆相同。

勞動供給 平日所用之工人俱由本村供給。食東主者每日二毫工值。請外處之客家佬。每日一毫半。至於禾稻收穫時。則請外村之人。每日四毫至六毫。食東家飯。請長工每年五十元。

借貸 揭借銀兩以田地牛隻作按。每兩三分息計。

（出自《农事月刊》第一卷第六期，一九二二年）

朱村農產品（續前）

禾稻　上造　赤米糯度　白米糯度　番占　長春早　六十日　脩赤　金
邊赤　石蜞赤　青梗赤谷
下造　金風　糯公　新占　黃金早　赤米絲苗　白米絲苗　大粒
占仔　細粒占仔　白殼油占　黃殼油占　白殼糯　黃殼糯
香脩糯　香脩占　赤米仔　白鶴赤　惹赤　黑米糯　藍玉
銀牙雪　干占仔　潺水白

芋類　沙羅種早芋　東安芋　撫佑過橋芋　遲芋　香芋　檳榔芋　狗瓜
芋

番薯　黃藤黃心　紅遠西山　白遠稱陀薯　六十日　過山飄

薯蕷　早薯(即單枝)　遲薯　毛薯　碌薯　過心紅薯　耙齒薯

葛　粉葛（青藤者曰粉葛）　柴葛（切頭者曰柴葛）　沙葛

薑　大肉薑　疏鱗薑　細種羌　臭羌（藥用）　山羌（野生）

落花生　大種花生　細種花生　珠豆

豆角　西園豆角　龍鬚豆角　金山豆角　猪肝豆角　八月豆角

豆類　紅豆　綠豆　白鼻花眉豆　紅鼻花眉豆　八月烏豆　猪㰻豆（卽刀豆）　白豆　竹豆　蘭豆　雪豆

瓜果類　節瓜　斗瓜（如節瓜有毛較長）　圓身冬瓜　絲瓜　白瓜　金瓜（卽盒瓜）　棚瓜（卽長身番瓜）　大領苦瓜　細領苦瓜　白苦瓜　黃瓜　蒲瓜　葫蘆瓜　水瓜　牛心茄

菜類　潮世芥　柔芥　高脚芥　臘燭薹白菜（卽江門白菜）　拗心白菜　了哥脷白菜　牛紅公白菜　早心白菜　遲心白菜　高脚白菜　高脚青黃芽白　矮脚黃芽白　耙齒蘿蔔　大白蘿蔔　金鈎蘿蔔　土瓜頭蘿蔔　胭脂紅蘿蔔　爛葉蘿蔔　生菜　椰菜　尖尾莧菜　紅硯殼葉莧菜　青硯殼葉莧菜　青梗蕹菜　白梗蕹菜　波菜　大葉同蒿　細葉同蒿　青梗藤菜　青梗君達　白梗君達　紅花芥蘭　黃花芥蘭　頭菜

香辛類　狗脾葱(頭細)(冬種)　大頭葱　天葱(四季有)　芫荽　芹菜
尖嘴辣椒　大辣椒　爛葉紫蘇　蒜　蕎頭　韭菜

荔枝　淮枝　桂味　糯米糍　狀元紅　甜巖　麻甩[illegible]　大隻麻　由甲枝
秤陀枝　黑葉　黃帝兒　晉奉　山枝　香枝　麻苧子　玉荷包
宋家香　交几環　犀角子　亞娘鞋　小禾山　爛節麻

龍眼　珠眼　木眼　石峽

烏欖　水欖　三方烏欖　牛牯欖　開口早　左尾　永齡欖　立秋烏　垂
枝欖　鷄油欖　羊角烏欖　金鐘　竹欖　芋仔欖　黃裝欖

白欖　丁香白欖　牛牯白欖

柿　水柿　鷄心柿

雜果　仁面　桂木　梅　桃　三歛　楊桃　芒果　萬壽果　柚　柑　香
水橙　椰橙　桔　檸檬(甜酸二種)　批杷果　番石榴　葡提子
甜黃皮　酸黃皮　鼓椎蕉　香芽蕉　熟蕉(取葉無果)　石榴　芭
蕉　紅梨　油甘子　冬歛仔　波蘿　波羅蜜　蒲桃　楊梅　蘋婆

雜類　普餌茶　蓮藕　青梗薄豐　紅梗薄豐　狗毛粟　鷄瓜粟　竹芋
粟米　草菇　膠筍　金針　棉花　紅皮蔴　青皮蔴　蓮藕(取子)

冬葉

甘蔗
木蔗 竹蔗 白蔗 金山蔗 黑骨蔗

竹類
甜竹 簕竹 粉皮簞竹 青波簞竹 箠篾竹 青竿竹 猪乸腩
削頭青 黃竹 赤竹仔 茅竹 坭竹 甲子竹

（出自《农事月刊》第一卷第七期，一九二三年）

增城縣水口村農村狀況

李渠述　郭華秀記

位置　水口村屬增城上都橋頭。距離廣九鐵路石灘濬站十里。離縣城廿五里。位居黎橋頭村、楊村、埔心村、左右。離三江墟約有一里。該村之東七里則博羅縣界。

地勢　水口村與黎橋頭村、及楊村、張岡尾共成一圍村居於圍內。平原陸地近三江墟之西南、則有河環繞。附近皆無山岡。但常受東江水浸。

山嶺　該村無山。北便離六里則有小岡。名曰大岡嶺、細岡嶺。該岡祇種山松。并無別種。

戶口　水口村人口男女共二百餘人。以姓李居多。

面積　該村所屬田地、與村場面積約有一千畝之多。

土質 該村土質是幼細淡黃色沙壤土。甚爲肥沃。

交通 水口村之東有少涌。但該涌甚淺。祇四五六月有水可用艇仔來往。除外水淺不能。但三江之江較闊。春夏秋三季可用船來往。夏天亦可行駛淺水火船。冬天則乾涸至底。雖小舟不能渡也。但多步行往三江墟。至於運輸貨物於石龍。多用肩膊挑担。但夏天則用船艇。亦無用轎代步。

墟市 水口村以趁三江墟最近。三江墟乃由六股人所成。馮屋下占一股。張岡尾占一股。橋頭約占一股。龜倉約占一股。姚山下占一股。姚沙頭占一股。該墟舖戶約二百間。街二條。逢二五八爲墟期。墟中買賣猪、牛、鷄、鴨、穀、豆類、荔枝等。每墟當春天時有牛二百隻。冬天有一百左右。大猪每墟有數十頭。猪花有數十頭。鷄則二三百隻。冬春天則有岡草蔗擔。每墟有二百担。秋夏天祇數十担。五月有大寒豆。即白花豆。每墟有五六百担。六月則有朱豆。(即紅花豆)。每墟有有二三百担。九月則有鵝青豆。每墟有數十担。十月則有班朱豆。每墟有七八十担。當禾稻收獲盛時。每墟有二百担。平日有五六十担。墟中有茶樓三間。福音

風俗

堂一間。。天主堂一間。。

水口村於元旦日甚閙熱。。舞獅、舞鳳、爲藥。。與鄰村互相來往。。

初八日則飲燈酒。。正月十四則抬天后菩薩遊玩。。

二月則開耕割麥。。

三月則治地開耕。。播撒谷種。。廿三則敬奉天后神誕。。清明省墓甚閙熱。。

四月金花菩薩誕。。婦女多往拜之。。初八日各家皆製芝麻糊食。。

五月五日各家皆製粉果。。

五月初七三江墟則扒龍船。。

六月則割禾。。

七月十四盂蘭節。。各家皆用三牲敬拜廟堂社稷等。。

八月中秋節甚閙熱。。一屆八月初各家皆用餅生果粽及走馬燈鯉魚風車。。互相送與戚友。。十五日則拜月光。。各家皆製粉果。。且用月餅生果糯米粽拜月。。凡十六歲以上此日太祖請飲。。以作高興。。

九月重陽則登高拜山。。

十月則割禾。。

十一月亦割禾。。至冬至止。。冬至節時各家用三牲拜神。。十二月下旬。。各家皆製果糖環以賀年。。年三十晚各家皆劏鷄拜神。。廿四又拜灶神。。年晚黏對聯紅錢於門。。近今風氣漸開。。似略減少。。

婚嫁一節。。凡女子議婚已成者過大聘。。則坐家一月不出門外。。臨嫁則哭三朝。。女子臨出門坐入花轎時。。則請喃巫先生用鈴鈴之。。而念奏語。。俗之解穢。。然後抬行。。於是親屬送出村外。。男家則用鼓樂來接。。昔日三四更出門。。今日因賊匪猖獗。。多於日暮則出門。。妝奩費用。。富者二三百元。。中者百餘元。。貧者二三十元。。男家請酒每席菜三元。。富者全村盡請。。貧者或每家請一位。。連請三餐。。殯喪之事。。臨送殯則請喃巫佬拜神。。富者逢十六歲則飲一餐。。耕田事業。。祇男界操之。。女界不理。。祇有在家煑飯。。飼猪晒谷而已。。

治安

水口地方自轉民國以來。。於九年曾打單一次。。十年曾打劫一次。。該村有更夫六名。。因近年盜賊太多。。各人皆出帮助看守。。

教育

該村於前清時有二人曾在衙署中充作科員。。現無書塾學校。。多往三江墟學塾讀書。該村男界識字者頗多。女界則甚少。

生計

村人多操耕種。往安南者有三家。往新架波者祇一家。俱操商業。往香港經商者亦有。每人有耕至七十畝田者。爲小販亦有。

（出自《农事月刊》第一卷第八号，一九二三年）

增城縣水口村農村狀況（續前）

李渠述郭華秀記

農民生活 農民晚間無事則相叙談話。。或談小說故事。。或閱報章。。或圍棋如無賭博。。

生活程度 其生活程度低於廣州市。。猪得每斤三毛半。。鷄每斤五毛零。。大頭魚每斤一毫七八仙。。松柴每担六七毫。山草、蔗搓每担四毫。。鷄蛋每只二仙半。。上白絲米每元十二斤。。男女所服之衣多是粗布。。夏用竹布。。富者雲紗。。冬用大成藍布。。其餘絲髮亦漸有之。。中等之家有三四口者。。需二百元左右。。建屋者十三坊瓦。。高一丈三四尺。。長二丈四五尺。。約需二百元。。所用之料。。下用靑磚。。上用坭磚。。人多樸實。。與廣卅不同。。

地主與佃戶 該村田地多屬富者及太祖。。貧者或並無之。。田地每年投一次。。多不續批。。每年交租分三月九月二季。。交租甚少轉批亦無欠租。。其水浸者如近博羅一帶。。凡有收成者。。則有租交。。無收成者則無。。

田價與田租　禾田每畝肥沃者沽價一百元。。瘦者則一年祇收一次。。每畝廿元。。禾田租價上等者每畝收谷二担。。瘦者六十至七十斤。。

種植情形　該村以種禾稻及麥居多。。旱地則種桑、麻、豆、花生、番薯、芋頭、瓜、菜、果、則有荔支二三百株。。龍眼則甚少。。蕉不過一畝左右。。番石榴亦甚少。。

冬　　耕　十月禾稻收成後。。其勤力者。。則犁之晒之。。並無種植。。惟旱地則種麥耳。。

畜　　牧　該村各家皆有養猪。。每家有肉猪一二隻。。或養猪母。。合村有水牛黃牛二十餘頭。。其餘雞鴨犬皆有養之。。

漁　　業　該村有魚塘三個。。作風水用。。其占面積十四畝。。養大頭魚、鯇魚、鬚鬚魚等。。每年於七月取一次。。十二月取一次。。

農　　具　所用農具與廣州無異。。

勞働供給　諸工人作工時禾割禾。。每日食東家者四毫。。平日每工二毫半

○○平日多請本鄉之人○○若工夫太多○○如割禾薛禾○○則去三江墟請增城街之人○○長工每工每年由正月尾至十一月尾止薪重五六十元○○

借貸　揭借銀両以田地屋宇、牛隻作按○○揭三十元以下者○○每両三分○○三十元以上者每両二分半○○

農産品

禾稻（上造）　紅頭赤即惠州赤○○新占○○鷄廸翁早禾曉鼻○○矮仔惰早禾○○靑粳赤○○烏鴬赤即火燒赤○○担竿域糯○○

（下造）　絲苗○○黄占○○油占○○沐水龍糯○○　興龍赤○○　紅頭赤○○潮水占○○

芋類　紅芽芋○○白芽芋○○狗爪芋○○

番藷　紅遠○○六十日○○黑骨仔○○秤陀薯○○

薯　單枝薯○○毛薯○○紅皮薯○○

葛　粉葛○○痲葛○○沙葛○○

薑　大肉薑○○黄薑○○黑心薑○○大薑○○

落花生　大種金山○○油豆○○

豆角　八月豆角。。五月豆角。。

豆類　大寒豆。。朱豆。。烏豆。。紅岡豆。。花眉豆。。綠豆。。班朱豆。。鵝靑豆。。雪豆。。荷蘭豆。。

瓜果類　金瓜。。棚瓜。。冬瓜。。節瓜。。絲瓜。。雷公鑿苦瓜。。大領苦瓜。。黃瓜。。蒲瓜。。葫蘆瓜。。岡蒲水瓜。。紅茄。。

菜類　圓莢芥菜。。扁莢芥菜。。了哥利白菜。。靑莢白菜。。黃芽白。。耙齒蘿蔔。。蘭苗蘿蔔。。大蘿蔔。。生菜。。波菜。。椰菜。。紅見菜。。靑見菜。。牛紅公見菜。。甕菜。。同蒿白梗君達。。靑梗君達。。籐菜。。芥蘭。。頭菜。。

香辛類　葱。。蒜。。元茜。。芹菜。。尖辣椒。。紫蘇。。

果子　淮枝。。山枝。。石峽龍眼。。大粒圓眼。。油眼。。木眼。。番石榴。。桃。。酸黃皮。。蒲桃。。蘋婆也白蔗。。

雜類　鷄爪粟。。狗尾粟。。黃粟米。。白蔴。。紅蔴。。牛天樂蔴。。桑。。大頭甘竹。。

森林　榕樹。。桄榔楸楓樹。。烏桕森樹。。吹凰樹。。如鳳凰木陰香水翁。。假榕樹。。假桐油樹。。盆溪樹。。木棉旱樹鹽皮樹。。假圓眼樹。。盼蒲樹。。牙香樹。。白銀香樹。。此種森林樹木。。占面積一百餘畝。。居村之後便。。作風水林用。。

「完」

（出自《农事月刊》第一卷第九号，一九二三年）

增城縣合蘭上都之農業概況

馮沛霖

增城位於粵省之東部，全縣分爲十有二都。合蘭上都（卽現令之第九區）地勢較低，常苦旱而潦水尤甚，地勢低窪，每年常受水患，如或各江潦水澎漲之時，多將基圍冲潰，大則變成澤國，一片汪洋，將屋宇浸倒，小則將農業稻作損壞。又或稍爲亢旱，各處均無水可資灌漑，農家每因旱潦之交侵而致流亡者，不知凡幾。故歷年農產品物價極昂貴。農家就多因此而棄農爲工。增城合蘭上都農業之不振，此實爲其最大原因。

該處田地肥沃，土軟而鬆，多屬沙質壤土。每年所出之農產品，以稻、麥，白荳，心薯，花生，麻，烏欖，荔枝，蔗糖等，爲大宗。今分別述之於后：

稻

增城禾稻，久爲社會人士所稱道，如增城絲苗，銀粘，黃粘仔及油粘等，久已馳名。農家向來多賴稻作爲生，多者耕有數十畝，少則數畝不等。故近二年來適遇雨水調匀，各處田禾，以及各農產品物，異常豐盛，爲民國以來所僅見，現屆收穫期，農家從事工作，忙個不了。增城縣穀米除銷售本縣外，輒有贏餘，商人紛紛出資屯聚。查近日石龍及石灘，三江墟，大江墟及沙塘墟等市鎮，均有新穀擺賣，絲苗及油粘等，每担八元之譜，白殼油粘及黃粘仔，每担約值六元至六元五角，赤穀亦值五元八角，一般農家怡然自樂。

麥

麥有大麥，小麥，燕麥三種，農家多植大麥及小麥，而燕麥則少。上都土地肥沃，亦多沙壤之土，故宜種大小麥，在秋收之時，農家紛紛植之，及至二月之間，均可收穫，而其値亦有上等穀價之値，每年收入亦殊不鮮也。

白荳

白荳，又名白花荳，土人又稱爲大寒荳（此豆種於大寒前後故稱爲大寒荳），爲增城縣之特產也。而其土質及氣候最宜，故增城縣各都各處均種植之。以數量論，合蘭上都種荳面積較廣，所以出產亦多。白荳種於十二月或正月之間，種後，所費人工以及肥料甚少，而其收穫又多，均在四月初旬收割，每担荳約值八元至八元五角不等，而其用途亦甚廣。

心薯

心薯有早薯（即單枝）遲薯，烏臼薯，毛薯，碌薯，過心薯及耙齒薯等七種。土人又稱爲心巖，（此名因賭博人所說，彼等出入以巖爲利，故稱爲心巖，）心薯性喜沙土，故大壆圍，江尾，𦺇車及金蘭寺等頗多，所產之品質亦良。心薯種於二三月之間，種後，施肥三四次，所費人工亦少，在八九月收成，薯價每担約值六元左右。

花生

花生有金山及大豆二種，土人又稱地豆，農家多種大豆，次爲金山豆上都以鯉魚洲一帶最多，次爲大壆圍，太平圍亦產之。花生多種於二三月之間，但清明後亦可種，惟最宜種於二三月之間，八九月間均可收穫，不要晒乾，即行發售。査本年大豆每担約値八元至八元五角不等，金山豆每担則十六元左右云。

麻

麻有白麻，紅麻，半紅公三種。東莞產麻最多。增城上都，鯉魚洲及太平圍亦產之。品質與東莞產不相上下。麻種於二三月中，種後二月，可除草一二次，除草一次或二次後可施肥一次，至七八月之間，即可收穫，其價每担約値廿餘元，用途亦廣。

烏欖

烏欖原產中國，爲粵省增城縣之特產物也，又廣州市附近之番禺及東莞亦產之。三四月開花，八九月結實成熟。高亢之地，均可生長，且無害虫之患，又費人工甚少，而收穫量年年增多，普通欖樹均可生長百年以上。

增城縣烏欖之出產，以欖溪，朱村，百花林，大岡，青湖洞，麻車，沙塘村及西瓜嶺附近一帶爲最多。而上都之西瓜嶺附近一帶山嶺，面積約百數十畝，於清光緒年間村人就地遍種烏欖，現其欖樹頗大，所產欖量頗多。廟車附近一帶及沙塘村一帶亦產欖之地也。

荔枝

增城縣所產之荔枝，久已馳名各處，而以縣城西庵之掛綠爲最著名。但每年所產之果量不多，多則二十餘斤，少則二三斤不等，其價値極昂，每果三四元，此爲普通人不易購食之物也。查近來有熱心農業專家，向該庵之果主，欲圈駁其一枝，以爲研究，其價亦須四五元。又查該庵掛綠之側，亦有假掛綠一枝，由該庵之果主將其圈駁之後，植於該庵之側，所結之果，亦稍可及掛綠，惟其果之食味不及掛綠，此亦一奇異之事也。除西庵掛綠之外，各處尙有糯米糍，桂味，三月紅，西角子，懷枝，黑葉，香枝，玉荷包及山枝等。農家以之爲副業，至六月中旬，江河兩岸，觸目皆是荔枝船艇，或運至石龍，石灘，廣州市及港澳等市鎮販賣；或運至隣近鄉村焙寮，焙乾之後，用箱裝載，以油紙緊封之，運往外埠，各國人士多爭購之。此爲增城之美果也。

蔗糖

蔗糖，增城縣向來出產頗多。農家多種竹蔗或水蔗，次爲木蔗，以製糖。惟製糖多用竹蔗爲之，其品質佳良，運至城市，多受市人歡迎。數年來因土匪猖獗，農家種蔗之地，其面積比民國元年時，減少三四成，糖寮亦然，此爲可惜也。

（出自《农事月刊》第八卷第四号，一九三一年）

番禺縣第八區社岗鄉農家經濟調查

一、人口及職業

社岗鄉屬番禺縣第八區，距江村北約二里。全鄉居民共七十四戶，除袁姓者僅一戶外，餘皆徐姓。現住人口三百十五人（表一），他往人口二十八人（表二）。

表一、現住人口

性別	人數	百分比
男	一五六	四九、五
女	一五九	五〇、五
合計	三一五	一〇〇

表二、他往人口

他往地／性別	南洋	美洲	本省各地	廣州	不明	合計
男	七	七	五	四	一	二四
女	二	〇	二	〇	〇	四
合計	九	七	七	四	一	二八

表三、居民年齡

年齡	一—一〇	一一—二〇	二一—三〇	三一—四〇	四一—五〇	五一—六〇	六一—七〇	七一以上
人數	七三	九〇	三九	四一	三〇	一八	一二	一二
估現住人口百分比	二三	二八	一二	一三	一〇	六	四	四

表四、居民職業

類別	男	女	合計	佔現住人口百分率
勞働可能者	八八	九二	一八〇	五七
勞働不可能者	六八	六七	一三五	四三

表五、識字人數

類別	男	女	合計	佔現住人口百分率
識字者	四八	〇	四八	一五
不識字者	一〇八	一五九	二六五	八五

表六、勞動人數

職業別	戶數	人數			佔現住人口百分率
		男	女	合計	
純粹農業	六	七	九	一六	五
農業兼小販	九	二六	二〇	四六	一五
農業兼勞工	四八	一一四	一一五	二二九	七三
商業	四	四	六	一〇	三
勞工	四	四	六	一〇	三
其他	三	一	三	四	一

表七、農家類別

類別	家數		人數			平均每家人數
	家數	百分比	男	女	合計	
自耕農	三	五	九	七	一六	五
自耕兼佃農	一六	二五	四五	四五	九〇	六
佃農	四四	七〇	九三	九二	一八五	四

居民中純粹勞工者雖僅十人，然業農而兼勞工者達二百二十九人，蓋因該鄉耕地過少，農民不能自給自足，爲謀足食計，不得不兼做工，總計全鄉被傭勞工（農業者除外），達五千一百六十六工（每工四五元至十元不等），以農家六十三戶計，平均每戶八十二工。

又該鄉接近市橋墟市（每十日四墟），各農家爲維持生活計，多兼營副業，如養豬，養鷄，收入頗大（以每年約小洋一五八、〇〇〇元。

二、耕地及耕種情形

該鄉有耕地二三七、四畝，以全人口平均計算，每人約佔耕地〇、七畝，然實際上，全部耕地，爲公有者（太公），約百分之四五，爲地主所有者，約百分之五五（表八），而耕者則大多數皆無其田也（表九）。

表八、耕地形態

所有者／類別	灌溉田	不灌溉田	園地	合計	占全面積之百分比
太公	一〇一、〇畝	三、七畝	三、七畝	一〇八、四畝	四五、五畝
在鄉地主	一九、〇	一二、〇	一、〇	三二、〇	一三、五
不在鄉地主	八五、四	八、五	二、五	九六、四	四〇、六
別鄉地主	〇、六	〇	〇	〇、六	〇、三
合計	二〇六、〇	二四、二	七、二	二三七、四	一〇〇、〇
佔全面積之百分比	八六、八	一〇、二	三、〇	一〇〇、〇	

表九、田畝經營狀況

經營形式	戶口	自耕	借耕	經營面積	每戶平均經營面積
自耕	三戶	一〇畝	〇	一〇畝	三、三畝
自耕兼佃耕	一六	二二	六二、一畝	八四、一	五、三
佃耕	四四	〇	一四三、八	一四三、八	三、三
合計	六三	三二	二〇五、九	二三七、九	三、八

全部耕地，均屬高田，專賴掘井灌溉，其耕種情形如下：

表十、耕地利用情形

作期／作物	水稻	麥類	甘薯	芋頭	花生	蔬菜及其他	合計
春作	二〇六、〇畝	〇	一九、八	一一、六	〇	〇	二三七、四
夏作	二〇六、〇畝	〇	二二、七	〇	八、七	〇	二三七、四
冬作	〇畝	七、三	四三、七	〇	〇	三、九	五四、九

（冬作休閒地共一八二畝五分。但因土地不適於冬耕，兼以肥料缺乏，雖勉強耕種，收穫不償云。）

表十一、耕種狀況

作物	耕種面積
早造水稻	二〇六、〇畝
晚造水稻	二〇六、〇
麥類	七、三
甘薯	八六、〇
芋頭	一一、六
花生	八、七
蔬菜及其也	三、九
合計	五二九、五

表十二、水稻耕種狀況

時期	品種	耕種面積	平均每畝收量	佔全耕地二〇六畝之百分率
早造	新寧粘	一〇四、一畝	一、六担	五〇
	花羅粘	三〇、六	一、八	一五
	粒仔	三八、四	一、七	一九
	大粒種	一八、五	一、五	七
	黑鶴	一四、四	一、八	九
晚造	油粘	一五八、三	一、九	七七
	白殼粘	四五、二	一、八	二二
	糯穀	二、五	一、四	一

表十三、其他農作物種植狀況

作物	耕種面積	平均每畝收量
麥類	七、三畝	〇、五担
甘薯	四二、三	二、九
芋頭	一一、六	三、六
花生	八、七	一、五
蔬菜及其他	三、九	四、一

表十四、施肥形態

作物＼施肥＼作期	春作 基肥	春作 追肥	春作 平均每畝施量
水稻	一六八担	七三担	一一七斤
麥類	〇	〇	〇
甘薯	〇	一三	一一七
芋頭	〇	二六	二三四
花生	〇	〇	〇
蔬菜及其他	〇	〇	〇

夏作基肥	夏作追肥	夏作平均每畝施量	冬作基肥	冬作追肥	冬作平均每畝施量
一七〇担	七五担	一一九斤	〇	〇	〇
〇	〇	〇	一三	五	二四六
〇	二四	一〇六	〇	四〇	九二
〇	〇	〇	〇	〇	〇
〇	一〇	八六	〇	〇	〇
〇	〇	〇	〇	七	一八〇

（基肥均用人糞、豬糞、牛糞及火灰。追肥則除水稻外，全用糞溺。）

三、農業生產及其他收

表十五、收穫物分配狀況

作物	收穫量	銷售量	繳田租	自給量	耕種戶口	平均每戶自給
早稻	三三三、七担	四、〇担	八七、四担	二四二、三担	六三戶	三八三斤（穀）
晚稻	三六六、八	五、三	九四、〇	二六六、五	六三	四二三（穀）
麥類	三、〇	〇	〇	三、〇	八	三八
甘薯	一一二、〇	四、〇	〇	一〇八、〇	四八	二二五
芋頭	四〇、二	七、〇	〇	三三、二	二五	一三三
花生	一三、〇	八、九	〇	四、一	一八	二三
蔬菜及其他	一七、二	七、二	〇	一〇、〇	一四	七一

表十六、農業收入（農產物銷售所得）

物品	担數	每担價值（小洋計）	合計
早稻	四、〇担	五〇〇元	二〇〇〇元
晚稻	五、三	七〇〇	三七一〇
甘薯	四、〇	二二〇	八八〇
芋頭	七、〇	四〇〇	二八〇〇
落花生	八、九	四〇〇	三五六〇
合計			一二、九五〇

表十七、農副業收入

種類	戶數	每年收入（小洋計）	平均每戶
家畜	五八	一五八、〇〇〇元	二、七二四元

表十八、兼業收入

類別	戶數	每年收入（小洋計）	平均每戶
買賣商	一	三、五〇〇元	三五〇〇元
小販	七	一〇、八〇〇	一五四二
合計	八	一四、三〇〇	一七八七

表十九、勞工收入

種類	戶數	每年收入（小洋計）	平均每戶
佚力担工	五一	四五、一四〇元	八八五元

表二十、僑滙收入

匯款地	收款戶數	每年總額（小洋計）	平均每戶
南洋	二	六四〇〇元	三二〇〇元

表二十一、其他收入

戶數	每年收入 小洋計	平均每戶
三	六九〇〇元	二三〇〇元

表二十二、全年收入彙計

項別	總額（小洋計）	百分比
農業收入	一二、九五〇元	六
農副業收入	一五八、〇〇〇	六五
兼業收入	一四、三〇〇	六
勞工收入	四五、一四〇	一九
僑滙收入	六、四〇〇	二
其他	六、九〇〇	二
合計	二四三、六九〇	一〇〇

四、生活費及其他支出

表二十三、糧食（米、甘薯）消費

類別	戶數	每日食用次數	全年消費量	平均每戶全年消費量	平均每人消費量 每日	平均每人消費量 全年
米	六三	二	七二七、八八担	一一、五五担	約十一兩	二五〇斤
甘薯	六三	（時常兼食）	四一四、八五	六、五八	約六兩	一四三斤

表二十四、糧食（米、甘薯）購費

類別	戶數	全年購量	佔該糧食消費量百分比	購價 每担（小洋計）	購價 合計
米	五九	二四六担	三〇	七〇〇元	一七二、〇〇〇元
甘薯	五七	二三五	一八	二五〇	五八、七五〇

表二十五、肉類蔬菜購費

類別	全年購價（小洋計）	百分比
魚肉	五、五〇〇元	二五
豬牛肉	四、〇六四	一八
蔬菜	一二、八三九	五七
合計	二二、四〇三	一〇〇

表二十六、其他一切生活費

項別	細目	全年所費	合計（小洋計）	百分比
調味用費	豉油	五〇五元	四二、六三八元	六八、〇
	鹽	一四、〇一二		
	糖	七八一		
	油	二七、三四〇		
嗜好費	酒	〇	六、五八四	一〇、五
	煙草	六、一六八		
	茶	四一六		
被服費	布	一三〇	一、六〇〇	二、六
	衣服	一、四三〇		
	鞋履	四〇		
光熱費	火油	四〇〇	一、八七二	三、〇
	光燭	一、四七二		
	薪炭	〇		
屋租傢私費	屋租	四八	二〇八	〇、三
	傢私購置	一六〇		
教育費	學費	一、四四〇	一、七七〇	二、八
	學校用具	三三〇		
宗教費	祭祀	四、三〇六	八、〇〇三	一二、七
	金銀元寶	一、三九二		
	香燭	二、三〇五		
其他	交際費	六〇	六〇	〇、一
合計			六二、七三五	一〇〇

表二十七、農業經營費

項別	全年總額（小洋計）	約佔百分比
僱傭勞資	一、二九〇元	五
役畜勞資	二二〇	一
肥料購費	一〇、五九〇	三九
農具購費	五四四	二
種籽購費	一、一七〇	四
賦課（地稅）	七五六	三
租項（田租）	九、七六六	三六
借款利息	二、五四九	一〇
合計	二六，八九五	一〇〇

表二十八、全年支出彙計

項別	總額（小洋計）	百分比
糧食購費	二三〇、七五〇元	六八
肉類蔬菜購費	二二、四〇三	六
其他一切生活費	六二、七三五	一八
農業經營費	二六、八九五	八
合計	三四二、七八三	一〇〇

表二十九、主要糧食生產消費比較

類別	生產	消費	差額
米	四八九、六五担	七二七、八八担	二三八、二三担
甘薯	一一二、〇〇	四一四、八五	三〇四、八五

（照表十五，收穫量，穀六九九、五〇担，碾成米約得七成，合得四八九，陸五担）。

表三十、全年收入支出比較

項別	全鄉	平均每人
收入	二三四、六九〇元	七四五
支出	三四二、七八三	一、〇八八
差額	一〇八，〇九三	三四三

、又上表所列米產總額內，其爲農家所得而自給者，僅二五五担半，以六十三戶計，平均每戶約五担半。又全年收入總額內，其純粹爲農家收入者，亦僅一七〇，九五〇元，以農民二八一人計，平均每人約〇〇八元。因此農家多數負債，茲列表如下：

表三十一、農家負債狀況

類別	借款（小洋）	借糧
戶口	二四戶	三〇戶
負借總額	三四、〇〇〇元	穀七五担
最高額	三、〇〇〇	四
最低額	二〇〇	一
平均每戶負債額	一、四一七	二、五
全村平均每戶負債額	五四〇	一、二
利息	五分一戶、四分二戶、三分六戶、二分八戶、不要的七戶	全部不要息待割禾後照數還
期限	四個月一戶、三個月一戶、餘俱是無定期的，因多由戚友告貸，隨到隨還。	待割禾後還
担保	値三千元田一畝作担保的一戶餘俱是信用担保	全部是信用担保
借貸來源	富農一戶、親屬七戶、親友十六戶	親屬十四戶親友十六戶
用途	購種籽肥料的九戶佔全數三九% 食用的七戶佔全數二九% 家用的七戶佔全數二九% 購牛用的一戶佔全數四%	俱是食用的

五、結論

綜觀以上各節，該鄉經濟以農爲本，然農家人數二八一人，而耕地僅得二[illegible]七，四畝，平均每人所佔耕地不及一畝，且耕種方法完全守舊，農業生產，難期增進，故不免有生產不敷消費（表二十九），收入不敷支出（表三十）之不良現象。

（出自《经济月报》第一卷第二期，一九四三年）

順德黃蓮的農業大畧情形

朱雨化來稿

黃蓮屬順德。。居民約一萬左右。。十份之九是業農桑。。每年共有九造。。自正月至七月是正造。。八九月是寒造。。十十一月後。。削去桑枝。。至十二月時。。將桑基邊的塹水放乾。。提取冲底之坭膏。。蓋於桑頭上面。。卽第一次施肥。。最經濟及便利之法。。除此之外。或於明年再施一二次肥糞。卽一年施肥之情形。。又有爲農桑之害者。。有狗毛蟲。。及桑蠖尺等。。不祗害桑。。而且毒人。。至於桑葉價錢。。每百觔自四元至十元度。。蠶繭價錢。。每簿自二元至二元四毫度。。一年中須有四五造收成。。方能平允。。否則虧本焉。。

（出自《农事月刊》第三卷第四号，一九二四年）

順德大晚鄉農村狀況

順德盧君衍來稿

位置 大晚鄉屬順德縣、離鳳城之西約二十里。。東連龐江村、西鄰勒流鄉、北枕黃連鄉、南臨北水鄉、居縣屬之中心點。。

面積 全鄉面積、爲一百三十頃、其中六分之五爲基塘。。

地勢 鄉中地勢平坦、四邊環以基圍。。南通大河、爲省容來往必經之水道。。北帶淺河、爲入鳳城水道。。圍之中、東西均設水閘、以禦潮水、故尋常洪水、未易爲患。。

戶口 鄉中人口、男女約萬五千人、以盧姓最多、占十分之五。。馮姓次之、何姓又次之、其餘如黃林李陸、不過百十人、或祇三二十人耳。。

感情 鄉族惇厚、小與人爭。。各姓聚族而居於鄉心、亦有住圍邊者、此不過利便農事起見、然亦聚族而處、火烟相蓋、從無違言。。

土質 圍內土質、均甚肥沃。合於種桑、惟南沙稍良於北沙。。

交通 大晚鄉交通上頗稱便利。。左右十數鄉如江村、桑涌、龍眼、北水、上沖、龍譚之往來勒流黃連兩鄉者、莫不由此取道。。水陸均皆通順、南面大海、輪拖常可往來、獨北便淺河於冬令略覺淺、然春夏間亦能容淺水火輪來往也。。

墟市

大晚鄉例不能設墟，因與鄰鄉勒流舊有立約，共同合設於勒流鄉，故謂勒流之新墟，謂爲大晚鄉之墟亦可，蓋大晚鄉派人常川辦事也。。墟期爲四七十日。。逢墟則有猪，雞，鴨，蠶蟧，繭紗，蔬果之類。。至大晚鄉內之菜市則甚暢旺，每日下午開市，舉所有三千餘煙戶之朝晚糧食，均由此市購之。。

風俗

大晚鄉有打大醮之俗。。相傳清乾隆間，鄉人有姓蘇者，因時遇風許願而浪始息。。抵家後聯合建醮，直至如今，約以三十年一屆。。每相鬥麗，蓋搭醮棚至十餘間，演戲七八班，僧道不知凡幾，最令人叫怪者，繡數千元眞衣付之一炬，聞上年（民國十年）動用至數萬元云。。

元旦則爲農家休息之時，家家慶賀，甚者竟旬賭博，

各祠宇每於是月宴老，

初十飲燈酒至十六爲止，視貧富而定，

十五馮姓燒炮。。（社誕）

二月十九賀觀音誕。。（此屬於婦女有結會數日者）

三月十五盧姓建醮燒炮。。（醫靈誕）

盧姓建醮燒炮。。（太保誕）

四月金花誕則有婦女結會賀之。。

初八日各家製餅賀節。。

五月端午、懸符掛艾、裹米粽煮豆粥、扒龍船、甚至連續一二個月不遏、但不一定、視農家之得閒及歲豐與否。。

七月初七主帥誕、闔鄉敬祝、往年則演戲建醮燒炮、近年因局紳與值事之吞蝕公嘗、俱皆停做、而仍有結會慶鬧也、婦女則集會乞巧、

十五盂蘭醮、各坊自舉、有建醮者、有燒衣者、不一而足。。

八月賀中秋、以餅饋親友。。

冬日各祠宇則設宴頒胙。。

十二月中旬、中上之家、莫不亟亟於舂粉、辦年貨。。

廿四則送灶。。

三十晚宰牲送年接灶、其小孩則手持紗籠、徹夜遊逛、俗曰（賣懶）且唱小歌、叶以諧韻焉。。至粘紅錢、黏宜春、則不約而同矣。。

婚嫁

婚嫁一節、在十數年前、多有不落家者、近來此風已絕。。獨何姓則自爲風氣、（何姓有兩處不同宗者此何姓乃居鄉心者）其女多

不受家庭教育及約束。。除貧家自幼鬻與人爲婢失其自主者外、其在母家之女子、百人中有三十人自疏、(不嫁)，三十人嫁鬼（即覓別姓已殤男子爲婚）、二十人雖嫁而不落家、二十人則因無女伴糾纏之故、方允長處夫家耳。。

女子婚前旬日、必守房不出、群伴伴之、甚者歌哭徹夜。嫁後歸寧亦坐家月餘方出。。至婚姻禮物、視兩家如何、平常禮金有五十元之譜、食品則以餅爲多、約百六十斤之間。。而納婢爲婦者不在此例。。

宗教

鄉人自由信教、大率拜偶像者多、信基督教者甚少、全鄉不足百人也。。廟則有主帥廟、屬於通鄉者、闔鄉均信仰主帥。。有醫靈廟一間、觀音廟二間、其餘如北帝廟、文武廟等等不一而足、亦可見鄉人之迷信神權矣。。

治安

大晚鄉自入民國、未嘗遭劫掠。。獨逐龍時局紳離職、失其自治能力。。故常有鄰匪往來其間、鄉中小慝、遂乘而爲利、然亦祇在偏僻處或夜靜時耳。。現招有警衛軍二十名、民團二三十人、更練數十名、遇戒嚴時期、各坊子弟輪值看守、故亦頗稱太平。。

教育

大晚鄉原無學校、十餘年前有盧姓人欲設立一所、因鄉人未開化、及經濟問題不果。。私塾則有十餘家、女塾二三間、自去年由縣資辦小學四間、惟內容甚屬腐敗、比之子曰館不及十分之一。。緣此等學校、由局紳包辦、所有學欵全飽私囊、并不延請教習、每日吸足阿芙蓉之餘、則自由教授三二時。。開校以來、笑話遠騰、蓋其招生章程所載之科學之嚴例、與乎校門標貼、均屬皇皇觸目。。苟過其門者、則人之初、關關雎鳩、混沌初開之聲不絕於耳。。經費則由强硬的手段藉官勒收、聞今歲公欵中人、并不公認。。此等學校之腐敗、有謂該鄉正紳持冷淡態度、故劣者得爲所欲爲云。。當此教育改良及普及之時代、該鄉有此劣紳舞弄、其教育前途、不堪問矣。。願該鄉正紳有以糾繩之、亦一造福桑梓之道也、作者拭目俟之。。

生計　鄉人多數以種桑養蠶爲生。。出外經商者亦不少。。小販勞工亦衆、坐食者甚少、蓋居近年蠶造豐收、易於覓食也。。

農人生活　種桑飼蠶、不比禾田之得以晚上休息、因蠶之餧養、每夕二三次、故造中農人、多數入夜就息、以備半夜起身也。。但收造後無事飼蠶時、則有相敘談話、甚至謳歌賭博均有。。惟農事緊急時、不數覯也。。

生活程度　鄉中生活程度甚高、據最近調查、豬每斤三毫八仙、雞每斤八毫、柴每担二元二毫、魚每斤平均二毫半、雞蛋每隻三至三仙半、中上白米每石六元五毫。男女衣履不一而足、中等之家、穿絲織品者占大多數、小家女子亦然、稍富者更甚。獨農人當操作時、則穿茨莨布者多、收造無事又類皆以絲織品爲常服矣。

勞貲　鄉中勞働供給甚高、摘桑每担一元至一元二三毫。力壯者日獲二元、即稍弱者亦一元以上。作長工食東家飯、月薪十餘元或至二十元。女子在絲廠繅絲、上等每工八毫、中等五毫、次三毫半、最下亦二毫以上。

地主佃戶　鄉內基業、多屬祖嘗及殷戶、中等之家多有自置。基塘則投批、或五年、或十年、少有一年爲期者、租則分現交或兩季、少有欠租者、以故主客極洽。

地價及租　近年因蠶桑豐收、租價突漲。自昨年起、每畝上等基塘值價三百元、租三十至四十元。中等值二百元、租二十五元。下等值百五至二百元、租十餘元。

種植　鄉中無他種植、全園樹桑、間有瓜菜之類、然亦不專種者。

冬耕　冬耕雖爲農人必要事業、然不合於種桑者之家、因其於十月收造後、理魚塘者半月、理基面（如刈枝施肥鑊坭等）半月。。遇有雨水或至一月。。一届明年春初又需桑用矣。。蓋尋常樹桑一月或四禮拜便可取用、不如禾之日久也、有等於刈枝後種蔬、但其明年之桑、必不及如前之佳故農人心理、非不欲提前、冬耕、實恐顧此失彼耳。。

畜牧

鄉中畜牧無多、除三數米店及富戶或豢豬百餘頭外、其餘農家豢養牲畜者甚小、有亦不過十頭八頭耳。。母豬則通村不足十頭。。至家禽如鷄鴨等、則家家皆有、大都非賣品、乃爲不時之需而自食者。。牛羊則無。。

漁業

大晚鄉除蠶桑外、以魚塘爲大宗。。凡種桑飼蠶者、莫不有魚塘。。故魚塘之面積、通計占有地積三分之一。。取魚不分時候、視其魚之大小、有於年中取一二次者、其餘大都在收造後乾之、蓋易於取坭於桑基故也。。

市廠

大晚鄉原有繅絲廠五間。。清季以蠶業歉收、拆四間、今止餘一間、而內容分新舊兩繅絲塲、大約容女工八百餘名。。合全粵之絲廠計之、以其爲最大、因通常不過容女工五百或六百人耳。。桑市則有二間、一在鄉心、一在村外。。繭市亦二間、亦一在鄉心、一在村外。。蓋在鄉心者利村人之買賣、在村外者可以招攬外客之貨也。。、菜市中則有屠豬店一間、米店六七間、藥店四間、雜貨店十餘間、魚販菜販不知凡幾。。

絲業

大晚鄉除用機器繅絲之絲廠外、尚有手工繅絲甚多家、此則爲農人自置、有一家用工人三四十名者、有用十餘名至數名者。。其原料(繭)或自市買、或自養得、而其銷路則往倫教鄉爲多、售之勒流鄉亦有、此俗所謂(使門絲)用以織土紗綢者也。。

女子職業

鄉內男子職業、除自種桑飼蠶者外、非出外經商、即與人作工(摘桑飼蠶)晚上則無事矣。。而女子則不然、女子於日中往絲廠繅絲、於放工後返家、晚上則織繭綢。。其中有不繅絲者、或日中有農事做者、其晚上亦如是。。繭綢之原料、取繭之出蛾者紡紗爲之、近日價格且比漲、故多數女子習之。。

借貸

鄉中借貸、自由交易、有不用按業者、惟屬於公會之欵、必須業契方得。。其息爲每兩每月由一分至分半。。但有由交易之不用按業者則每兩月息三分者居多矣。。

（出自《农事月刊》第一卷第十一号，一九二三年）

學生吳瑞釭 談錦成 曾森 張永胤畢業論文評定書

本論文准作領受本大學文學院

經濟商學學系經濟商學學組商學學士學位

必修課程之一部

學院院長 王力

學系主任 劉澤霖

指導教授 余澤棠 劉澤霖代

中華民國卅八年六月四日

T05061

新會縣東南角農村經濟概況調查報告

解決農村經濟問題的途徑

如何整理耕地：農地若充分利用，怎樣厘定田賦地租及其办法。

如何增加及推銷農產：怎樣選擇良種，怎樣施用肥料，怎樣採用有效農具，怎樣利用土地为防災害。

如何救濟農村金融：怎樣改善農村固有之金融机関，怎樣組織農村信用合作社及筹辦農民銀行。

第一章 緒論

人人都知道，中國是以農立國的，是數千年來未能够自供食料的。我國的農村經濟，不只是在食的問題上立好了根基，同時家庭工業的紡織布業，也是建築在農村農。所以中国以農立國的特性，即是全國的民生生活最大的兩个衣食問題，也是依靠農村的。

自從一八四〇年鴉片戰爭以後，資本主義國家的勢力，便急激地侵入中國社會，利用他軍事的政治的經濟的優越勢力，攫取各種在華政治的經濟的文化的法律的特權。一面更勾結中國封建勢力的代表，擁着新式的工業生產手段和商品經濟的生產法則，横衝直撞的打進農村，舊有的自給自足的小農經濟，乃排山倒海般急轉的崩潰。舊有的經濟制度既被震撼而致破壞，新興的工商業又不能樹立起鞏固的基礎向着資本主義式的生產前進，結果乃造成廣大的失業群众，陷于悲慘暗淡的境遇。在另一方面，封建勢力的統治階級反得仰給于帝国主義的鼻息而苟延殘喘，加緊壓迫貧苦無告而至可憐憫的農民。

中國外受資本帝國主義殖民式的掠奪，內有更利害的舊社會老朽階級對於農民無限制的榨取与苛求，向着農民經濟的生產力不斷地侵蝕，無疑的釀成農村經濟的一般衰落。近年來輸入中國的糧食品迅速地增加，對外輸出非特糧食品有銳減的傾向，即工業原料的農產品，亦一落千丈，生絲棉花茶葉蔗糖的產量，更形停滯不振，亦極見退步。這種低度的勞動生產性和農民高度的貧窮化以致不能充分購入肥料農具等有密切的關係。

　在八年抗日戰爭中，人民顛沛流離，農村陷于崩潰狀態，在戰前依靠僑匯養活的人，在戰時便無法生活，而且因為都市失陷于日人手上，農村的人口頓形增加．都市的各種工業停頓，失業的人民，便湧回農村來，這些農村居民，是超過農村所能供養他們的力量，所以在抗戰的幾年中，農村生活更形艱苦，有些農民甚至靠吃樹葉充飢，而且有些華僑的眷屬，很多因僑匯接濟不到飢寒而死的。

　抗戰勝利後，大家都以為可以使農村復興，農民可以得到喘息的機會，但事實和我們的期望恰巧相反，受到內戰直接損害的農民，當然生活在水深火熱中而不曾受到内战直接損害的農民，如廣東的農民，也因為農村的封建势力未有解除，地主依然一樣的压搾，高利貸仍是農民的致命傷，更因通貨的不断膨脹，使農民仍是過着極很苦的生活。外国農産品的输入，如善救總署的糧食，如最近的中国经济合作署的米援等等，使農作物的價格追不上工業品的水準，使農民的購買力減低。近兩年来的水災，旱災，更給農民以很大的打击，对于農村经济，更加以很大的破坏。

以上所述的是普通情形。我们想将農村情况加以具体的研究，於是有實地調查農村經济的必要，首先我們確定調查範围為廣東新會県東南，內包含荷塘，潮連及外海這三个主要地方。這幾个地方是以代表新會東南角整个区域。当然調查工作首重实际上要從实事求是地的態度去观察，便可發現許多重要資料。因此我们便于今年春天乘寒假之便，數人一起落鄉实地調查，調查雖经许多困难但经我们不断的努力，也蒐搜集了一些材料其中最感困难的当地人士所供给的資料时时因为面子问题而轉相捏造，这不能不使我们对于材料有所取舍，我们的观察自然有些肤淺但由于时局匆促，使我们不能不再作详细调查，一些未完的工作，使日後有机会才去完成吧！

第二章 農民概況

第一節 居民之來源

荷塘，潮蓮，外海三鄉居民皆於明末由本省南雄珠璣巷遷居于此，荷塘中容，李，劉，黎各姓集居，以容李二姓為最大族，約佔百分之六十，潮蓮則盧，陳，區，潘各姓集居，以盧陳二姓為大族，佔百分之五十，以盧二者常生械鬥，外海則以陳，黃，羅，許各姓集居，陳姓者佔絕對多數，約占百分之九十五。

第二節 農戶之統計

三鄉中地方自治不大嚴密，其保甲制亦未能完善，且文化低落，知識分子不多，以外海居民為多，次為荷塘，再次為潮蓮，見下表：

第一表 農戶人數統計

地方	保	甲	戶	每家平均	人數
荷塘	19	192	1929	7	13,504
潮連	13	138	1380	6	8,280
外海	27	271	2717	8	21,735

第三節 每家人口

農戶之約數既已知道，其次乃要研究每家之人口，照以前北京經濟討論之估計，全國平均，假定每家為五口，而土地委員會則假定為六口，而我們調查三鄉之結果則為七口，見下表：

第四節　農户之類別

三鄉居民皆以種田耕地為主，往外洋及經商者僅佔百分之二，其餘則為農户，共分三種。

（一）自耕農——農户自己耕種自己的田地。

（二）半自耕農——除耕種自己田地外，還向他人租種少許田地。

表二　農家人口比較

每家人口	荷塘	潮連	外海	合計
1-4	154	110	217	481
5-9	964	690	1358	3012
10-14	482	345	679	1506
15-19	251	165	326	722
20以上	98	70	137	305
合計	1,929	1,380	2,717	6,026

(2) 佃農——農户完全向地人租種田地，以下表中可見其土地分配頗平均，自耕農佔百分之四十五，半自耕農佔百分之十四，佃農佔百分之四十一。

表三　各類農户之百分比

地方	自耕農	半自耕農	佃農	合計
荷塘	45	15	40	100
潮蓮	40	[illegible]	38	100
外海	50	5	45	100
平均	45	14	41	100

第五節　耕地面積與居民人口之密度

三鄉可供耕種，種地面積不廣，然人口頗多，故平均每人不过一二亩，以荷塘最多，外海次之，其人口之密度视土地之肥瘠，而定分布，大抵以稻耕区域人口密度为最大，见下表：

表四 耕地面积与人口之分配

地方	面积(亩)	可耕之田地	人口	平均每人
荷塘	36500	2250	15504	1.66
潮连	16000	7000	8280	1.09
外海	33500	26500	21715	1.21

照一般农村社会学家之意见，大都以为农民要属青年与壮年男人在十八至四十岁以下者皆属之老弱的比较少，不过标准说有一定，确实的情形很难计算，以下表中可见其年龄之分配，以十一至二十岁者占多数40%，八

表五 農民年齡之分配

年齡	荷塘	潮蓮	外海	百分比
1—10	2,700	1,656	4,347	20
11—20	5,400	3,312	8,672	40
21—30	2,010	1,227	3,260	14.8
31—40	1,080	662	1,738	8
41—50	1,350	828	2,173	10
51—60	675	464	1,086	5
61—70	270	165	434	2
71—80	17	16	22	0.001
80以上	2	/	3	0.0001
合計	13,504	8,280	21,735	100

十一歲以上者分封翁為鄉中之長老，受各人之崇敬推戴

最極少。

第七節 男女性別的比較

男女性別之比例，可以在下表中看到，大抵中國農村人民性別之比，男百分之六十女百分之四十，男多于女，故盛行早婚及納妾制，希望多添人丁，幫助生產。

表六 農家人口性別之百分比

地方	男	百分比	女	百分比
橋頭	8778	65	4726	35
湖塘	4554	55	3726	45
外沙	13041	60	8694	40
平均	8791	60	5715	40

第八節　婚姻与子女

外海幾為一姓之鄉，故每与外鄉定婚，三鄉中婚姻多属舊色，三書六礼，大紅花橋迎娶，且厲行早婚，新式婚姻向每有之，婚後子女也不算少，然因缺乏医學常識与藥物之設備，故死亡率亦很大

表七　農民的婚姻和子女的統計

地方	结婚百分比	婚年	產生子女數
荷塘	95	16	3.8
潮蓮	90	20	2.5
外海	98	17	4.2
平均	94.3	17.6	3.5

第三章　農地概況

第一節　農地面積之統計

三鄉農地面積的統計，殊乏報導，一則民國以來政府並未切實執行清丈之工作，二則鄉公所因經費不足而暇于工作，雖有統計記載，恐属臆測相沿，是否準確，頗成疑向，今引用之材料系根據各鄉公所于卅七年所發表者列成下表，以明大概。

表8. 三鄉農地面積之統計（單位畝）

地名	農地面積			百分比	
	農田	園圃	合計	農田	園圃
荷塘	10,827	11,673	22,500	48.12	51.88
潮連	3,904	5,096	9,000	43.37	56.63
外海	18,663	7,837	26,500	74.26	25.74
合計	33,394	24,606	58,000	57.05	42.95

合計三鄉農地為五八〇〇〇畝，內中農田佔百分之五七·〇五〇。園圃佔百分之四二，九五。（據鄉公所說明種植五穀者為農田，種植果品，甘蔗，蔬菜，烟草之土地與及養魚之地塘均歸入園圃之範圍內）

第二節 農地墾植之程度

以地方面積除農地面積即求得一百分比，可以叫做墾植指數，乃用之以表示墾植之程度，凡其指數高者即可表示墾植面積大，指數低者即可表示墾植面積小，惟是在我國目前情況，尚未舉行實地之測量以致土地面積難以估計精確，而欲求出指數以明墾植之程度，亦恐不合理，現僅就所得之資料訂定三鄉墾植程度之大小如下以見一斑。

表9 三鄉之墾殖指數

地名	地方面積	農地面積	墾殖指數
荷塘	36,500(畝)	22,500	61.64
潮連	16,000	9,000	56.25
外海	33,500	26,500	79.12
合計	86,000	58,000	67.44

細觀上表可見墾殖指數最高者為外海，次之為荷塘，再次之為潮連。三鄉地勢均平衍，惟荷塘則山川較多，致影響農地面積較少于外海。

第三節 每家耕種田地面積與每人平均概得之面積

第三節、每家耕種田地面積與每人平均攤得之面積

表10. 三鄉農户耕種田地面積之比較

耕種畝數	荷塘		潮連		外海	
	户數	百分比	户數	百分比	户數	百分比
5以下	405	21.0	346	25.1	451	16.6
5－15	625	32.4	386	27.9	698	25.7
15－25	299	15.5	282	20.4	636	23.4
25－35	201	10.4	127	9.2	302	11.1
35－45	137	7.1	101	7.3	231	8.5
45－55	77	4.0	43	3.2	82	3.0
55－65	52	2.7	33	2.4	73	2.7
65－75	41	2.1	22	1.6	68	2.5
75－85	35	1.8	17	1.2	56	2.1
85－95	25	1.3	11	0.8	46	1.7
95－105	17	0.9	8	0.6	41	1.5
105以上	15	0.8	4	0.3	33	1.2
合計	1,929	100.0	1,380	100.0	2,717	100.0
無田地	38		26		524	
平均每家耕種畝數	11.62		6.54		9.68	

表11. 每人平均攤得面積之比較

地名	農民人數	農地畝數	平均每人畝數
荷塘	13,504	22,500	1.66
潮連	8,280	9,000	1.09
外海	21,735	26,500	1.21
合計	43,519	58,000	1.33

由上面二表观之，農家耕種田地之多寡，可以看出農民经济之丰啬，我国農家耕種田地之面積，据一般統計大都很少，易言之就是中国之農家多属小農，現在我們參看表十也可以看出每家耕種之面積是很少数，可說是小農，三鄉農户耕種之面積常是有这樣的情形，小農的耕作多是集中的，大農的耕作多是分散的，当然集中与分散各有其利弊，集中之好处是可以使工作迅速管理容易，分散的优点是可使利益均沾，有时这处失收那处丰收，不致集中一处有受損之虞，固然在生產效能方面集中總比分散為勝。

從表十一每人摊得面積上比較以荷塘為最多，外海次之，邨边鄉最少，合三鄉每人平均摊得者則是一.

三三畝，仍未可算是難得多麼少數。

第四節　土地之性質與濕度雨量

三鄉地勢平衍，惟荷塘，潮蓮則山地較多，外海則較平，且地理環境則較優勝，因地勢較高于荷塘潮蓮，而地勢低者，每于西潦暴漲時受災特甚，且荷塘潮蓮境內川流短促，致易于淤塞，灌溉排水均感不便，惟三鄉之地位均屬于珠江三角洲之範圍內，其形成乃受珠江及其支流所冲積之結果，其土地之性質，因屬于低地土，其冲積土層厚薄不一，尚待考究，其色澤則白灰以至灰黑，底土色常相似，質地自砂壤以至土壤或埴壤，粘壤不等，且甚近山之處則多屬埴壤及粘壤，三鄉地勢平坦而低下，地中的位常近地面，故天然排的情形不佳，只賴人工排的機器水泵以補救，而外海的情形較佳，一則河流較長且面較高，東面較低，西濱渠漲時，水可順而下，不致于地面，故田地較高于其他二鄉，而荷塘潮達則多增高的住以植稻茶或漬濕地面，輒用以蓄魚。

三鄉土壤考其所含植物營養物質大部屬于中土且耕作集約，週年佃田幾無休息，故施肥自不能少，尤以淡燐等肥為最有效而經濟，少量鉀肥亦常得效，石灰使用亦頗有效，酸性大部不甚強。

至三鄉以氣候觀測設備尚未用到，故至情態之紀錄殊為憾事，考氣候之影響土壤有三要素即氣溫，雨量及蒸發，而三鄉氣候之大概情形分別論列：

(一)氣温度——大都以一二月為最低，但平均之數不低于攝氏四度，而最高温度大都于於七八月而最高不過三十六度攝氏。

(二)雨水——以五六月最多，全年雨量約一·七米突

(三)蒸發量——雨水入土之後，一部份因能滲透下流而在此氣温高日照長之地域土面蒸發的水氣自屬不少，三鄉蒸發量大于雨量者大約于十，十一，十二與一月其餘則下雨量過之；據此之普通情形則水面蒸發約等于全雨量三分之二。

第五節 災荒之面積

甲、災害面積之統計：我們知道農作物之種放與精

害，在目前無精確統計材料難以斷定，因為作物指數由於災害之損失，很有可能且是很重要之原因，而不一定農作物少而影響，現在我們將三鄉之災害面積統計而觀察，以明災害之嚴重與否。

表九 三鄉農地災害面積

地方	災害面積（單位畝）
荷塘	3,375
潮蓮	1,350
外海	3,975
合計	8,700

觀表九，三鄉農地面積為五八〇〇〇畝，現災害面積共八七〇〇畝，如是則約佔百分之十五，此災害乃受到災風災為最，蟲病則次之，如此數不可謂不多。

乙．荒地面積之統計：三地荒地不算嚴重亦即表示很少未開墾之地方在近年来，尤其是在敵伪佔領期間農作物之价格好，怎么荒地都被利用了。在外海農田較多在較難的时候往往近田边的地方（土人叫做水河地）不会被人利用插禾。在敵伪佔領期間怎么的河地可利用者则利用以求增產与增加收入。迨近光復後此等地方多仍利用地如近河边灘地亦于敵伪佔領期曾利用者仍繼續利用生產故三鄉之荒地簡直不是一个嚴重之問題。

第六節　地價之高低

地价之高低，按照向来佔定地价之標準或分水田旱地或以土壤之肥瘠或以水利之饒足与否或視氣候寒冷之允許或視生產之多寡或視距離市场之遠近或視人之之稀密向结果则往往列之为上等之地，作中等之地便下等之地作。我们既在研究地作之高低，即从此三方面之农地去说察，不过困难的多，就是单凭这样之分法并无一定之标准，只能依各乡之惯例来说明。

三乡之地作，平均以外海为最高，荷塘次之，潮莲则又次之。大概外海地理环境优胜，每逢西潦高涨，不易为水所浸，且外海有大围环绕各龙溪大围，较诸荷塘、潮莲之围甚坚固，因此收成方面有把握。荷塘虽有围，甚但水利灌溉不甚好，且地势较低，每值西潦高涨，则排水更难，如大雨滂沱之际，尤属难以处置。此情形潮莲亦然，而足以影响地作之一例也。

既依三乡之惯例，则因为三等地便每围总依上中下三等向分普通收量每畝在五担以上者为上田，每畝收量由二担至五担者为中田，一担至三担为下田。三鄉交易多以米为交易单位標準而照市价折合本国国幣或外幣！

并依这处安說明，收量十担並能地价就足十担。这处之惯例大约是土地价格为四倍于收量即每畝收量在十担者其地价即值四十担米，如是類推。

第七節　地租之多寡

無農地或農地不足的農民向地主租種農地每年將收獲所得之若干繳交地主即所謂地租。地租之繳納有为现金有为实物如米及其他農作物有为二者相参合，不过在目下情况通货膨脹为求保存價值一概均以实物繳交地租

今三鄉地租最高者每畝平均为四担五拾斤最低七十五斤

年均为二百六十斤，如款交既全者则交租之日时俗由某本国货或外币。

交租之日期既多以一次须付者为多，分二期交者较少，如一次须付者则多于每岁节立冬后数日即须交付，分期交者则先于立冬日交一部，其余则于早造收割后即须交付。

第八節 田赋之统計

田赋为地税，国家财政收入之主要税源，三乡的情形就是自耕农是由自己缴纳，佃农则由地主缴纳，是三乡田赋之统計殊难得切实之数，盖因各乡征收之数皆由政府所定者为尚，如调查时则深感困难，盖恐有遗漏之虞情總言之，除正稅外其他附加之稅亦甚繁多，而田賦苛重實非虛語，實則農民所得田賦支出約占百分之五十。

第四章 農產品狀況

第一節 主要農產品之種類及產量

一、農作物

1.水稻——查三鄉水田，共約三万餘畝，除山岩之外每年栽種一造以外，餘皆可種早晚兩稻二造，雖近因土匪猖獗，山田荒廢頗多，然其每年所產之米數頗多，除留一半供給自己須要以外，更可輸出之用，至其早稻之栽種，普通分為黄穀，白粒，小糯，花管，龍牙粒，新吳白，紅腳（紅米）等，晚造有銀粒，紅苗，大黄粒，白殼，白粒，黄粒等。

選種，種移，播種時期——選種早晚造同，先用風選次用水選，水選之法，用竹簍載之，浸于水中，以手擦之去其輕浮者留其重而沉者為種，浸一二日後，起置家中，一夜攪鬆，再浸一日，其根已出，撒播于秧田至其生長足約寸許，則能施以花生麩，或人糞尿之類肥少許，及其長約一尺，即行移種，每行距离約一尺，早造清明前後播種，晚造立秋前後浸種。

管理及收獲——插秧後約二十日，秧苗漸次生長，于是先挪的施肥，然後鬆耨，田堅硬者，用似耙形之大力鉄器以除草，田鬆軟者，用小竹扶手，以足攪土，一二日後方再灌的，早造小暑前後收獲，晚造立冬後收成每畝收量上等田約五担中等田三担下等田一，二担不等，但晚造每比早造較多產量。

乙 甘蔗——甘蔗亦屬次要之農作物，立春分前後將昨年所留之蔗種，以水浸三四日，切去其尾，至其蔗肉為止，並將頭部切斷一斜口，剝去一邊之殼，當未種之前先將地犂耙至細碎，每距離約三尺開小坑一，深約一寸，蓋以草木灰或者猪糞等，並淋以水，用手攪成糊狀，將蔗種平置坑內，包殼之邊向下，接續連貫至蔗芽長約尺許，則施以稀薄之淡肥，及高至三四尺時，則剝去蔗頭之殼及芽長約四五寸，即施以花生麩，猪糞，草木灰等各一二担，乃將行間之土培于蔗頭上，至有殼之部分止，每畝約用蔗種二千條，每年施肥三四次，每次約用花生麩，猪糞各一担，至其產量每年三万担至五万担。

3. 薑——雨水節前後種于闊約二尺，高一尺之畦中，每株距離約二尺間，種各種優類，忌類於畦邊，立夏至以前施肥一二次，普通以人糞，尿，豬屎及豆麸施之，惟出產不多，每畝僅五百担矣。普忌連種，必隔二年以上始可復種。

4.蔬菜——蔬菜分芥菜，白菜，介蘭，茄，韮葱，蒜，萝蔔，枸杞，絲瓜，苦瓜，冬瓜，尤以白菜為出產量達二三百担。

二、果樹

1.荔枝與龍眼——荔枝分黑葉，槐枝，三月紅，桂味及糯米糍等，有果樹萬約五百株以上之果園二十所，以外海佔最多，其繁殖法在摘果後將其一二年之嫩枝紮直者，剥去周圍長約寸餘之皮，至一二星期後，始可將軟草和之砂土黑泥塞之，若天久不雨，則必須淋水，約八十餘日，見其根已透出表面，即剪下種植，至于龍眼其種植與嘉枝相似，每年產量約二三千担。

乙．甜橙桔——產地以外海最多，新會之甜橙數來著名，品質佳，其種法係每株距離七尺，每年施淡肥三四次，每于摘果後一次，結實時一次，至果已變黃色時二次，每株每年約用花生麩四斤，繁植法與嘉枝同，惟甜橙則用嫁接法，將檸檬樹先行駁枝，種于白盤或竹筐內，乃擇甜橙之枝，與檸檬枝同大者，由其中部以利刀削去皮長也，將二樹削皮之部相接，使兩者之皮密切，用砂紙或棉布包裹之，復用麻繩或竹篾等裹實，約五七日則二者之皮已生固，乃可以橙樹接口之下部剪斷，並剪去檸檬樹之上端而移植之，每年產量約五千担左右。

3.波蘿——烏欖在近山地地角地草園多有種植，一波蘿之繁殖法分根法，及其果尾之芽均可種植，惟以前者為佳，烏欖之繁殖法，係用樹根所生之芽及實生之株，惟二者之產量皆不多，僅足供給當地人民之消耗矣。

三、畜牧

1.牛——牛分役用及乳用，惟以役用佔大多數，尤以水牛為主，共計約三万头，飼料夏天則以草為主，冬天則用米糠，畜舍則以竹木做成房子，據傳牛人治療法，若牛不食草，則用酸楊桃三四斤拉水及黃糖半斤混之即愈。

2.猪——農民養猪者不多，普通多養一二头，惟釀酒之家，則每有養至一二百头者，普通飼料，則用米糠野草、水浮萍等，每猪每日飼費約須一角，猪舍則以竹木為之，每舍十头，各田畜分，猪仔則二三十头不等之數，總計約有五千以上，銷路以江门、廣州為主。

三、家禽——以鸡為主，鸭鹅次之，鸡之最佳者，重三四斤，年產蛋百餘隻，鸭分雛鸭与老鸭二種，雛鸭即本年春日所生之鸭仔，養至冬日賣者，雛鸭最大群之數約數百，普通管理以竹蓆圍于低陵冬暖，向東有樹蔭地，任其上陸下水自如，早晚飼以粉草和硬米飯，至其大已及斤，則飼以米糠及穀，若水田收穫已讫，則用長竹驅至田中任其自如取食，老鸭之管理与飼料同，最優之種每年產蛋二百餘個，最大群多于百餘隻，鹅最大群者五、六十隻，飼料以米糠、草菜等，至大約三斤时則以竹

桿駆至草地，使其自由覓食，早晚仍飼以穀糠等，鴨食
別以房向為之最良種，每年可產蛋四、五十枚。

至于新會最著名之葵葉，用以製造葵扇或精裝之扇，則多產自新會城，特闢田基大量耕種，故三鄉中極少，故略而不述。此三鄉之農產品以米為主，占百分之七十，其餘甘蔗次之，果類則甜橙為主，以江門為集散地，運往各地銷售。

第二節 所用肥料及施肥情形

我國素稱以農立國，立國以來數千年農民皆知肥田料之重要，他們盡力以使其土地肥美，惟因知識低下，資本短少，故對科學之肥田料不特不知其用處，更無力以購

贯，惟依其历代所传之老经验，定时继续下肥，使其田之土质力继续存在。荷塘湖连外海既非殷富之乡，自亦不能例外，以人粪为主要肥料，此外为草木灰，花生麸及猪粪等，他如取集人粪及一切粪屑，藏于厕所，待其发酵，当种子落地时或出苗寸余之时，每一苗根上淋些肥水或粪泥。

关于肥田料之费用，每年每家平均为九十元几及费用总数的十分之一，可见其重要矣。

然人造肥所含淡燐钾三要素成分远较自然肥料为丰富，入土容易溶解，植物容易吸收，如可使其平价售与农民，并指导其使用，乃中国乡村重要问题之一，以引导农民走入科学时代，增加生产之主要点也。

第三節 農村之副業

一般農家其從生產者總在家長支配之下，通力合作以從了農田工作，但每有兼營他項以維持生活者，各返農戶對于田地種植之外，在農忙之時，均尚能兼營相當之副業，其經營之季節，除少數有常年性質者外，餘皆以秋季為多，尤以冬季為最盛，操作者則男女皆有，副業之種類，其較普遍者為牧畜，養魚，紡紗織布，榨油及碾賣食糧者至于他項技能，如泥水，木匠等為數不多，大半從了粗笨勞動，至于經商則自耕農往往有米店，紗綢店等，較大資本之企業，以外糖廠方面外海有三間潮蓮有五間，荷塘四間，皆以人力或畜力壓榨，規模甚少，土灰廠外海一間，潮蓮二間，荷塘二間，規模大以潮蓮．館均很簡陋。

第四節　農具之種類

各鄉所用之農具，其構造式樣，尚係數千年前之產物，陳陳相因，從無多大之改良，此項農具多在本地製造，價格尚廉，質料堅固，但多笨重，而不靈活，且使用上雖然耐久，然工作效力之薄弱亦不可避免。茲將其重要種類分用，使用年限，修理及其他等項細分如下：

一．整地用

1．犁——這是我國耕鋤器中最主要的東西，用于鋤土壤翻土塊，鑱及轅都是鉄器，其他是木製，利用其力以水牛等牽引，其使用年限可達十年，犁面或犁頭每至約須修理或更換一次。

2.耙——用于敲碎土塊，是最主要的耙碎器，其齒乃用鉄造，其他用木製，使用年度可達十年，每二年約須修理一次。

3.耥子——這是將犁轉的土地分開，便於播種的，耥其製材與犁相同，亦用役畜牽引，使用年限可十年，耥只須三年始修理一次。

4.田盪——以平水田底之凹凸混和泥土，便于插秧之用，柄長約六尺，以丈木製，前面貫通以五尺之橫木使用年約二年，用壞後多不加修理，另換一新者。

5.石滾——用畜力或人力牽引，用于均地或脫壳，柄木製，其餘部份以麻石製，而使用十年以上，惟其木製，卻修實易脫捆，每一二年須換一次。

6. 鋤——其用途最廣，用于除草培土造畦，小農用以代犁，卻以鐵製，其柄乃木製，使用可達十年，每年須修理一次。

7. 鍬——其用途亦很廣，用于搖轉土塊，除草，收穫與鋤相似，只牙齒沒有一定，大者五六隻，小者三四隻，其使用年度與修理亦與鋤相同。

8. 鐵耙——用以耙取堆積之糞之用，鐵製齒有三四隻，柄木製，使用約五年，每年須修理一次。

9. 糞箕——用于敲糞塊，分散于土地，柳條或荊條製，可使用一年，損壞後另換新者。

10. 紡車——又名龍骨車，木鐵製，左抽紡花綫之用

以人力或畜力運輸，可使用五年，每年修理方可。

二、收穫用——用于收穫与搬運

1.鐮刀——用于作物及什草之割取，刀部鉄製柄木製，可使用一年，常加以磨鍊。

2.筐——用于盛農產品及用品，而挑担者多以荊条或竹製，約可用一年，須常加修補，容易破坏。

3.力車——用于農產物及用品之載運，木鉄製，用人力轉運，可使用二十年，每年須修理一次。

三、調製用——用於穀類調製之用

1.海欵——剝落稻粒而盛之木器，每人每日可剝落二石，可使用二年，不大修理，損坏後即置之不用。

2.揚——用以除去穀粒中之泥沙，乃木製形似鋤，藉風力除去沙塊及浮粃，可使用一年，損壞以後另換一新者。

3.磨——用于除稃有人力畜力兩種，石製柄為木製可用五年。

4.篩——篩穀物的，有粗目與細目，竹製可用一年。

5.木耙——除去脫穀後的殘渣。木製可用一年。

6.帚——掃除土粒或掃除脫穀，竹製或高粱桿製，可用一年。

7.木叉——用于堆積各種的菜，叉部鐵製，柄木製，可用五年，每年須加以修理。

四、雜用——用於雜碎的用途

1.蓆席——晒乾農產物的席，蓆草製可用一年。

乙.籮——竹製，可用一年，貯藏農品
丙.筐——用于貯藏穀粒及其他物類，可供一年用，
綜上所述，可見我國鄉村農具之特徵：(a)構造簡單
多為木製，其重要的部份為鐵製。(b)規模極少價格低廉
(c)其動力以人力為主，用畜力的不多。(d)其效率甚低．
乃屬原始的相傳．不知改良。

第五節 運輸問題

三鄉運輸情形，向以水路為主，外海則有公路，直
達江門鎮。潮連，荷塘則境內無公路，而境內之運輸固向
靠水路為主。惟三鄉均與江門相隔不遠，農產品有價當能
迅速自境內運出或境外所需之主要品亦可自江門運入，

故運輸頗稱便利，惜運輸每乏機械如起重上落貨物，均以人力為主，行走境內車輛亦以單車為主，外海則有汽車行車公路，惟該公路為鄉紳所壟斷，運輸成本甚昂，故鄉民亦多舍公路而就水路，因該公路車輛載貨能力有限，遠較貨艇為低，而荷塘，潮蓮則以水路運輸為主。

自境內運出之貨物可經江門而江門則為集散地，然後運散各地。廣州，江門航線經潮蓮荷塘，自該二地運出可接駁廣州，江門渡船或汽船。自廣州運經二地之貨亦可于二地起卸，不但廣州貨物如是，西江流域之要商埠均可接駁，外海則直運江門，尤屬便利，故三鄉之運輸亦稱便利也。市場則以江門為主，然後轉運各地，故江門為三地之貨物及集散地方。

第六節　成本問題

農產品之成本，普通而言，主要者為租稅，其他則如種子，肥料，人工及管理費用，利息及預測產量收益均為影響成本問題者。如三鄉之主要農產品，為穀蔗二大類，单就穀方面看，普通三地平均之租價為每畝二百斤穀，穀種早晚二造團谷七斤，肥料十五斤，人工六十斤，什費三十斤，合共歸三百一十二斤，預期收益為四百斤，則須用七十八斤左右而後得谷壹佰斤，如加上利息普通一分計，三个月利息則為二十三斤左右，如是則錢多利，考其主要原因，則為地租及什項。二項為最大，地租如定者則有預算，而什項則難以計出，如臨時鄉公所征收杂票數，年年不同，故農户之生產成本甚高，惟一应注意者，惟减租方能补救其损失。

第五章　農家經濟狀況

第一節　收入之來源

農村人民大都從事農業，所有收入自以農產品收穫的代價為多，但因各地之情形不同，耕地又有多寡，收穫又有豐歉，年中收入勢必不同，我國現在把農產品之代價作為主業之收入，其他作為副業之收入，去討論之。

普通說來，農家之收入，向以農產品之收穫的代價為主，三鄉的情形自不能例外，幾佔四分三，其他如家庭工業工資，其他產品什項等為四分一，當然在調查上農家經濟這方面之工作是頗為困難的，一則我國家庭很少設置簿記，二則農家猜疑太多，窮苦的農戶也比較坦白，而富貴之農家則多吱喳作窮，故盡量搜集亦不能如願以償，惟可肯言者則如上言四分三為得自農產品收穫之代價，現將所得之資料列成下表，亦可概觀三鄉農家收入之來源。

表 三鄉農家收入之來源

收入種目	收入平均總數	百分比
農作產品（稻穀）	1712.25斤	76.1
牲畜	182.25	8.1
副業	24.75	1.1
工資	6.75	0.3
其他產品	324.00	14.4
收入合計	2250.00斤	100.0

此表內所以因斤為單位，乃基于國內經濟不安之象故，目前農村農戶之收入，均以穀為單位，一則可避免通貨膨脹之苦，在保償值上則市場之交易，租約債務之付償，均以穀為計算單位，光復以後，貨幣日漸貶值之際

支總的數實行以實物為計其標準，故此表即表示每家平均收入（每年）有谷二二五〇斤，而十分之七則得自主要農產品，而餘者則為副業及勞務。

第二節　每畝之收入之代價及淨收入

農家之收入既以農產品為主，如是每畝收穫的代價之多寡是關係最密切者，自然農地有優劣之不同，物價因時因地而異，收穫所得亦要其他之支出，我們暫不論只研究每畝平均收穫之代價，據一般而言，中國農產品受災害損失是相當嚴重，如是每畝收穫的代價自然很大下列一表是表示收穫代價之多少。

三鄉耕地收穫代價表

鄉名	耕作畝數	收穫代價	平均每畝收穫代價
[illegible]	22,500	5,625,000斤	250斤
[illegible]	9,000	1,800,000斤	200斤
[illegible]	26,500	7,950,000斤	300斤
合計	58,000	15,375,000斤	259斤

此表即表示收穫代價有一五，三七五，〇〇〇斤，平均為二三九斤，此即耕地之數每畝收穫之代價，如單位用斤，即表示收益代價以斗為單位，如園圃之收穫代價未折合成單位。且上表乃不分耕種的業佃不分土地之优劣不分作物之種類，而未就每畝每年收穫所得之代價平均計算的，此三地平均數相差不大。惟我們應注意的，除土质災害物價和其他支出外還有农家耕種田地之多少，此是很閒重要的，因为耕種田地过多或过少，则

于工人兼顾经营有顾不够的毛病，结果自然得一定的

例之報酬。

三地之情形也如是，耕的愈少，每畝之收入愈多，乃因耕地少的農家常感收入不足也，維持生活不得不竭心力，努力經營希望收獲增加，故有較多之報酬，而農地多之農家或不如此的報酬較少。

至每畝的净收入，乃是農民耕種田地後除去成本和交租稅等費所得之實數，而用以維持家庭生活者，農民經濟狀況，如何能視此數之大小而推知其生活之难易，因此數之多寡和生活有密切的関係。

三鄉之净收入每畝多寡不同，乃因爲種子，肥料，工資，地租，賦稅等不同之原因，再者耕地多寡而分

每畝淨收入愈增加，則自然耕地愈多，易言之耕地愈多每畝之淨收入也愈增加，雖則與前所說不大符合，乃是一致無異，因為耕地少收入多是勞力之結果而此則為淨收入。

第三節　各類農戶每週年之收入及支出

農家中按他們的土地耕種權分為自耕農，半自耕農，及佃農三等，而所種田地既不同，週年收入自然各異。此即說各類農戶週年收入之比較，可視為生活程度之高低不同之點。據觀察所得，佃農收入因少于自耕農及半自耕農，此即表示佃農生活程度實較自耕農與半自耕農之生活為低，先將佃農和自耕農比較他們之衣食住燃料等費用之百分率，結果佃農較高于自耕農，此即表示自耕農除这四項費用外，用到其他方面之數值要比佃農多些支付，依吾人見解，凡四項主要費用總和之百分率愈低，即該屬農民生活程度愈高，而三鄉之情形乃自耕農之生活程度係較佃農爲高。

至于佃農与半自耕農之生活比較，佃農之程度還是較低，普通從食物一項可知道，佃農所用于食物之費用爲多于半自耕農，而佃農取用以为食物之資，半自耕農以之为他種之享受，甚至生活自有差異，大概因为半自耕農有一部份田地之收入全屬自己之剩余，而佃農確應把他的全部收入之一半交給地主，同时半自耕農对于農場的管理經營上也比較經濟，此種之田地多適合自己資本勞力之分配之原故。

再就自耕農與半自耕農則生活程度不相上下，而農人之所以願為半自耕農之最大原因，乃要求有充分之土地以利用多餘之勞力與資本，實則自耕農于資本之投資，總較半自耕農要多，故可以說半自耕農之所以不足為利用多餘之資本乃是利用多餘之勞力，多餘的勞力既調劑，那末生活程度自不會比人再低。

第四節　借貸之來源

農家需要金融上之救濟，惟有借貸，借貸之多寡，普通而言，耕種在十畝以下的農戶都須借貸，而借貸方面，乃多借給生活之費用，尤以支消糧食方面為甚，若其借贷之来源，按照三鄉的惯例，有信用借贷和保证贷款二種：信用借贷以个人的信用為主，不要他人保证助可贷款，保证借贷，是放款者不甚信用，而須另找居间人为保证，届时如不歸还，保证人須負償还之责任，故取利較重。有时居间人即乘机剥削，典当在三鄉向也有通行，即将用具首飾等物质于当户，取当之物值約等于原值百分之四十至百分之五十，極少超过半價者，期限三个月为普通利息，普通加二分，抵押也盛行，大抵而論抵押之款亦約值原值百分之五十，而且先行扣除利息者甚多，賒欠和預售农産品，实际上贵買賤賣之差数便是借贷之利息，其他有摇會，標會，輪會等形式，表面上似不像借贷，其实摇会时所付之利息，標會时所標之款，輪会时短付之款，均和借貸所付利息相同，故亦純為借貸之來源。

第五節　利率之高低

農家既不能不借貸，自然不能不付利息，利率之高低，各地不同，而就大体而言是百分之五。五試觀下表即可明瞭。

表　三鄉農家借貸利率

地方	最低	最高	平均
荷花	1%	8.5%	4.75%
閘津	1.5%	8.7%	5.10%
外廂	1.6%	10.0%	5.80%
平均	1.36%	9.5%	5.22%

甚實農村尚还有許多高利貸，利率更高，如所謂九出十三歸之借貸，名目即借銀一元或借穀一担，實得銀九

角或米九十斤，利息百分之三十，還时农民又是一元或米一担，又有所謂青苗借谷一担則三个月内还一担八十斤至二百斤，此可見高利貸之剥削农民。

第六章 教育建設与金融組織之情況

教育程度——普通教育程度低落，老一代的農民多數是文盲，就是富農与地主也不能例外，年青的一代，可分為幾種，地主的兒子們，多有机会讀到高中或初中，讀高中究竟可數，至于能够讀到大學的，可算絕無僅有了。自耕農的兒子，很多送他們進一兩年學校，認認字和曉得加減乘除法便算了。佃農的孩子，因為要幫助農作，很少有机会求學，女子讀書的机会極少，在這个封建意味很濃厚的農村社会裏，女子們是沒有地位的。

教育机関——荷塘有完全小學六間，潮蓮有小學六間，外海教育比較發達，有初級中學一間，小學六間，幼稚園三間，另有一間附設于一間小學裏

兹简列表如下

地點	中学	小学	学前幼稚園	学生人数
荷塘	無	五	無	四〇〇
潮蓮	無	六	無	五一〇
外海	一	六	三	九五〇

建設情况很差，鄉村的房屋仍是古老的旧屋，漆濕的工程仍是中世纪的工程，道路除了外海有龍溪公路可通汽車外，其餘都是狹窄的黃泥路，全区的交通陸上靠單車行走維持，水道却很多，但很遲緩，普通的河流不能行走汽船，是以水上交通工具为木船，这些木船，通達各鄉，載貨載客，忙个不了。

鄉政組織頗嚴密，每一个鄉鎮都設有鄉政代表所，信件可以直接投遞到这内地一个僻静的角落。

金融机构只是旧式的钱莊，大事的汇款要到江门去领取，江门有中国，交通，农行，三家国家银行，另有广东省银行，但业务都不甚好，多数人民，为着避免受货币貶值的影响，都和钱莊交易，故区内的金融活动一切由钱莊把持，大小钱莊計外海有三家，荷塘一家，潮连一家。

因为农民银行没有分处在这个区域，农贷是办不到的，农民在青黄不接的时候，只有向地主借高利过活。

第七章 結論

人口問題

中國人口之高度增殖率，乃為策劃長期農業建設計劃所應考慮之重大因素之一。可耕而未耕之土地實屬有限，故大量食糧之供應，端賴既有耕地之有效增產，雖農業生產可藉技術的量增進無疑，然則此種增進亦有其限產也。反之若干中國權威人士指出如無不測災禍，中國人口將于六十年內增加一倍，其所持理由為，由于公共衛生，食物，以及其他可以影响人民健康之因素，能使死亡率減低，並促成人口增殖較已往更大之速率，人口問題不僅為數量問題。中國婦女耗費大量食品，精神與體力。養育不能長大成人與發育不健全之成群兒女。

今後應節制生育，扶養少數兒女，予以適當保育，如法意食物之質與量，改良好之衛生環境，則將必有功於國家富強之健全分民，藉以養成之觀念衛生，人口之眾若非包括体格強碩與受有良好教育之個体，則于國家並無裨益也。

歐美各國以工業，教育文化之進步而有使家庭人數減少之趨勢，但人口增殖率因此而減低之程度極緩，按彼邦之經驗，證明工業化並不能減少農業人口之總數，因工業之發展，所能吸收之人口極難超過人口之正當增殖數，故中國對于食糧及其他農產品之增產，縱有可能，但如人口之增殖與農業生產之增加速率相等，則其食物營養因仍無改善之希望也，茲當群起致力國際合作期求解決糧食問題之際，中國為自身利益計，必須研究其人口之問題，凡生活程度高于一般水準之國家，其人口必須當穩定，而家庭人數較少，同時更能注重其食物營養与医药衛生之改進，故任何調劑國際間糧食供應之努力，不免引起此等國家之懷疑，從而考慮是否应犧牲其原有之食物標準，而協助不了穩定人口之國家，故人口穩定誠中國改進其人民生活所必須注意之問題也。

如何整理耕地：農地是否充份利用，怎樣處定田賦地租及其辦法

由第三章內之研究，每人僅攤得農地甚少，中國農民平均每人攤得之耕地大部較各國為少，故須擴充耕地面積，不外二法：(1)為移民墾荒，(2)為充分使用已墾之

農地，綜觀我國之耕地，耕地面積愈小，農地之使用程度愈高，耕地面積愈大，因作為道路，墳地，溝渠，打谷場等愈多，而此等面積雖為農場內所不可少者，究非生產之農地可比，如能盡量減少，自以減少為妙，但就全體而論，作物欲能佔農場畝之百分之九五上下，農地當可充分利用，然中國為小農制，每家耕種之田地既不大，而塊數又多，其中自有甚多面積為田塍地界所佔領而不能栽種作物，小農制在中國已有悠久之歷史，閒僻頗多，遽然打破此田塍地界，殊屬不易，故吾人如欲擴充耕地面積，未嘗不可向此努力。

中國之田賦地租，均極苛重，影響農家之經濟狀況不鮮，整理耕地分區定田賦地租須同時施行，始可收效善农家经济之窘蹙，政府财政竭蹶，不得不多征田赋，而征收田赋之办法不善，足以压迫农民，使农民不堪其虐，其一为田亩不清，次为税率与等差，三为税目分繁，四为税负沉，甚于上述原因农民负责更重，加以应付庞大财费之开支，而政府所有限，故不能不加征预征如数。改革田赋须先测绘田亩，因田亩不清，政府征收田赋往往有田无粮，有粮无田，飞洒诡寄，百弊丛生，次为厘定税率，按照中国向来征收田赋，均为照比例征收，但纳税之经济能力不同，故不能依此，是故先进各国均採累进税率征收田税，中国欲改革田赋，应步先进国之后尘，然彼此国情不同，新办法更当详细斟酌，个人以为宜分别税定通税率与累进率，通税乃一般地主或农家在一度限度内均须依照此种税率纳税，如逾限度，便须依照累进率税率纳税，此外地主收租亦应有妥善之办法规定，如(1)标准亩(2)标准衡量(3)地租额及租期(4)荒年减租办法等，我国度量衡各地不同，故应须依一标准制度为标准，以市公亢，以塞争端。

如何增加及推销农产品！怎样选择良种，怎样施用肥料，怎样采用有效农具，怎样利用土地之生产力防灾害。

中国之农产不丰，确为事实，但如何增加农产，为一重大问题，首要之研究为种子问题，中国农家虽有数千年相传之经验，然对于选择良种子，仍多不甚注意

(34)

種子既不優良，農產品自然難豐收，故欲增加農產須注意選擇問題，先可設立種苗交換所，由各試驗場將試驗有成效之種苗與農家原有之種苗交換，同時指導栽種及善育之良法，以引起農家群起效法。

農業改良如僅指導農民改良其種子，而無其他廉價易得之改良材料供給農民應用，以配合其田間技術，則終不能收改良之實效，而農民亦不能獲得實利，此項農業改良材料，將來有許多種改為商業性質，由私人企業或合作組織大量生產供應之，惟目前宜由政府提倡辦理以肇其基，此項工作之實施，殆為農業改進之主要步驟

教使中國農民普遍應用化學肥料，必須廉價大量供應，使其有利可圖。戰前中國施用化學肥料之範圍並不廣，

將來如能在中國內自行設廠，大量製造供應，則不難推廣於全國，作物營養最感缺要之元素為氮素，故肥料施用以氮素為主，如硫酸錏應用於水稻，硝酸錏則宜用於旱地作物，目前中國全國包括台灣所需要之氮素肥料每年約四十萬公噸，但據中央農業實驗所肥料專家之意見，此項須要量即將激增，民國二十七年僅台灣一處即銷用氮素肥料三十萬公噸，平均每公頃用五十公斤，如有廉價之化學肥料與適宜之推廣機構，指導農民合理施用，則全國肥料之需要量，則不久將倍蓰於今日之所須。目前磷肥製造計劃，如能實施，則中國國內若干部份即可獲得適當磷肥之供給，但尚非運費之減低，勢難普遍應用，雲南昆明附近所發現之磷礦，對磷肥之供應亦有裨大有改進，惟以目前交通狀況而論，欲使供給其他省份之用，恐尚多困難，將來如多建設運輸線，則可大量利用農具不良，可直接影響于人工或作物，間接係經濟損失，故農家採用農具，應加詳細之研究，中國農家經營農作，雖有多年經驗，但於農具之使用，多仍保持原始狀態，往往費力多而收獲少，因之僱用人工為工者極眾，故僱工費大為必然之果，有因農具不良，更使作物受莫大損害，設農家能採用新式有效農具，當可節省大量人工及金錢，且可保証作物不致大受損害，如引水機之置用，既可節省打水之工人，復可使工人從事其他副業，經濟亦可較前豐裕，如中耕器，打稻机等亦可因採節省人工或保証作物不受損害，但中國農家欲採用新式之有效農具有两大困难，其一为农业资本缺乏，无购买能力，次为耕地面积狭小，田亩块数颇多，使用新式农具，有如嘉华氏(T.N.CARVER)者不可能，因亦不甚经济，因为用后弃置终年，积压资金，有时为锈所坏，损失更大，故任凭广告如何宣传，而农家购置新式农具者仍寥寥无几，但新式农具确为改进农业经济之利器，吾人决不可因此等困难而不设法采用。

在我国之农业资本缺乏之情形下，如欲采用新式农具，可组织农民灌溉合作社，其合作社所需之资本，一部可由农民银行贷给，一部可由农民按田亩数摊集，机器租用之方法，可按地亩多少比例而定，地方者得最先租用，使小农咸沐其利益，如社员地亩相等时，则以先請求者取得优先权，同时請求对以优以法定之，經營所得之利益，除还本及息外，如有盈餘，分与社會。

如何增加及推銷農產品

至於解決耕地狹小之法，可設法減少田畝之塊數，採集体農場制，以增廣農場之面積，以便新式机器之使用，或改良中国固有農具以適應目前之小農制農場，如水車之改良有下列之改進。

1. 輪用鑄鉄製成

2. 平輪直徑四尺，立輪直徑一尺半，所以省力。

3. 用滾珠軸架軸頭，所以減輕摩擦力。

4. 用鋁鉄外庫，所以使用甚重量

結果：

1. 較旧式水車輕
2. 出水量增多百分之三十。

耙可作如下之改良
1. 加多耙身兩个
2. 耙齒加密
3. 連接处贯以鉄釘
4. 改用長短二種耙齒

結果：
1. 較旧式耙效率大四倍
2. 耙一次後，即可播種，不須耗多次而後播種。
3. 不必用人力鎮压

關于農具之改進問題，如一时不能採用新式農具，可先行改良旧式農具以增效率．

土地須有天賦之生產能力，使植物可以發榮滋長

但如農家不能採用新式器具，可先行改良旧式農具以增

效率．

土地須有天賦之生產能力，使植物可以發榮滋長，

但如農家不能善用此生產力，則足以損耗土地，甚至使

植物枯萎，利用之法，普通不外三種，

1.施肥

2.輪耕

3.休息

用之適當，農產自可增收．

災害頻仍，實為中國農民之致命傷，天災不已，繼以病害蟲，病害蟲不已，又繼以天災人禍，農民經濟，種種災害，自然困苦萬分，故今後救濟中國農民，對此不能不加以注意，關于防除災害，向有治本治標二法，如造林，治河，設昆蟲局，舉辦農業保險等，但十餘年來，本既不治，標亦不見功效，究其實情，則上至政府，官人，下至老農，老圃，均無防除災害之決心，如不將察癥結之所在，恐小冊之宣傳，當不能收防除災害之效，當軸者每以防除災害為陞官發財之門徑，每日報銷巨量之經費，而災害有加無已，如此之防除災害，實為天災害蟲之外，更加官災人害，根本之法，乃先將除官害，再設一專負責之農政機關能以適合目前農民經濟能力者

於施用及收效大之办法，而後可使農民信仰而實行，

現代之農產已脫離單純生產性質，而為生產而兼營之性質，故欲農業經濟勝利，必不可忽視一般經濟原則，換言之，以最經濟之方法求最大之利益，如單用人力耕種而不注意農具之改良，畜工之利用，肥料之使用，農隙之作業等，收獲必少，中國農作宜實行大規模共同生產之可能，如欲增加農產，不得不採用生產合作办法所謂生產合作，乃一切關于生產各項，如良好之農具，肥料，種苗，家畜等，个人力量所不能單办者，可合多數農民之力量共同办理，結果必較單人舉办妥善，如購買種苗，數愈大，價格愈減，而品質亦愈精良，反之數愈少，價格愈貴，而品質亦愈惡劣，蓋居中商人從

中便取利故也。該合農民聯合共同向生産地購買大批苗種，不但較廉，且品質較良，由是生産亦可增加，又如畜工一項，如個人單獨無購買力者，可合數家共同購買輪流飼養，輪流使用，此辦法亦可間接增加農産，其他生産事項極多，不必一一例舉，大部可採用合作辦法以使生産增加，且此種生産合作，在中國農村中亦頗通行，如共同購買耕牛等稱之會本，如能擴大此種辦法，或改善組織程度農民，獲益甚廣。

增加農産之目的，在救濟農民經濟，故農産運銷如不得當，如居間商人剝削等，對農民經濟有大阻礙，致農民經濟無法解決，故對農産品之銷售，必須謀一妥善之方，然後農民年勞所得，可為己所用，就現在情形而論

以採取販賣合作办法為佳，因中国農家生產額極小，分
運輸極不便利，農民缺少此種智識技能，如在居間商
人代之運銷，則剩餘之農產品絕無銷售之路，商人乘此
机会從中操縱以圖厚利。若農民組販賣合作社，集合多
數農產品，直接售與市坊消費者或工廠製造者，不假手
居間之商人，此種利益可全歸農人所得，行販賣合作之
办法，先須使農產品標準化，即使農產品之質與量均有
一定標準，而後買賣之手續始能簡捷，信用始能昭著，
否則攙什舞弊，結果必均失效，至于實行農產品標準化
之方法，如分級，定價等等，各地不同，有合作社自行
檢定者，亦有由政府檢定者，如丹麥鷄蛋由合作社
对于各户送來之鷄蛋，均編號蓋章，以資識別，凡遇陳

腐之鸡蛋，即退还原产者，并加处罚，此乃自行检定之实例，按理由政府检定似较公平，因其居中立地位，不致有所偏颇，惟在中国实行检定，则由合作社执行似乎害少利多，因中国政府设立机关往往为患于人民之上，其甚利未见而害已不可胜言，农产品常由社会需要不同，往往有滞留之困难，设此时无法补救，必因腐烂枯槁而受莫大损失，宜由农户组织农产制造合作社，俾滞留以运销之农产品不致损失，或使将来更可售得善价，如此不但农家之经济无所损害，有时更可使获利，例如蔬菜果品，肉类鸡蛋等或制罐头，或制成其他食品，不但可利用过剩之农产品，且可利用过剩之人工，可于农村中间设工厂以收容过剩之人工。参阅用麦打包合作社之例

更一为可行之法，

如何救济农村金融：怎样改善农村固有之金融机关，怎样改组织农村信用合作社及筹备农民银行

我国农村之借贷多，利率高，农村金融竭蹶，因此小资产阶级得以操纵金融，盘剥农民，如村中年和农民常恐积户逃亡，多不放债，反将有用之金钱藏之地窖，因此农村缺少一部金融，又如小资产阶级常将金融居奇垄断，亦为阻滞金融流通之一种障碍，有此二大原因，农村金融更形竭蹶，然金融虽缺，而农户之须要亦属难免，于是典当，抵押，高利借贷，预售农产，集会等乃相继而起，就固有金融机关而论，除废除集会一法含有信用合作之意义，有改善之必要外，其余均重利剥削，

亟應設法消減。中國之農村金融合作，除尋會外，復有農村信用合作社之組織，其為救濟農村金融之機關，故農村信用合作社之起源為德人雷花信氏(F. W. Raiffeisen)所創之於一八四八年時之，即現通稱雷氏農村信用合作者是也。雷氏因鑒于當時飢荒，農民無所生活，工作更難兼顧，且猶太人又乘機重利剝削，農民所有之牲畜房屋均充作抵押品，乃先後創設麵包合作店，牲畜購買店合作社，農村銀行等，於農民有極大裨益，因此各國互相徵法創設，均見效果，中國近年農村信用合作社有勃發之現象，未嘗非導源于此，組織農村信用合作社須注意下列各點：

1.組織方式。2.社員之限制。3.社員之義務及權利。4.資本之股份。5.職員之選派。6.兼營之業務。7.放款

之保証．8.放款之額數，9.放款之用途，10.放款之利率

11.放款償还之期限。

按照雷氏信用合作社之組織，乃由農民自動組織之借貸机関，可稱自下而上之組織，日本与印度之信用合作社为由政府提倡而組織之借貸机関，故可称自上而下之組織，實在何種方式較善，為一極大問題，就中国之情形而論，農民智識幼稚，能完全瞭解信用合作社之宗旨而自動組織，殊非易事，但政府之計劃及設施，又多不可恃，希望政府切實提倡，亦难免令人失望，故較易行及有效之辦法，以社会团体起而提倡導者为善，政府如真實愛護農民，仍可從旁賛助，社員之限制，在農村信用合作社中極为重要，故社章上多有詳明之規定，其規

定中，必有相當之限制，始能保持信用，如謀生之職業品行之端正，居住之區域等，均極有關係，否則信用一失合作社即將倒閉，雷氏當時洞見及此，故主張真正合格之人方能入會，此後合作社之經營愈進步，規定亦愈詳明，社員之義務與權利，於雷氏當時之組織，規定社員對于合作社須負無限制之共同責任，社員入社不繳任何費用，亦不分利潤，只以人格信用保證合作社之進行發展，其後因種種情形不同，有規定入社費者，有規定入社股金者，有規定分紅利者，有規定一人一票表決者，就現在各國之趨勢而論，此數種義務與權利，已成必要惟中國情形下，如規定入社費與入社股金，頗覺困難，因為多數農民因極貧困，須繳此等款項，誠非易事，如以上可做收穫但限度之入社股金，而分紅利則可不做，如印度農村信用合作社即如此办理，而合作社甚有信用者，可收社員或非社員之存款，充作資本，即遇資本短缺，不能週轉，同时亦不难向其他机関借款，暫充資本。

救濟農村金融之另一辦法，為設立農民銀行或稱農村銀行，与農業銀行之性质不同，前者以輔助小農佃户予以通融資金之便利，使農民有改善经濟生活之机会为目的，如放購買種子，肥料以及青黄不接时之短期貸款于農民等是，後者以輔助政府，或公司地位，作大規模之農村事業為目的，如放購買土地，改良地產，整頓水利，改良墾殖，飼養牲畜，購買机器，建築倉庫等長期或中期之貸款与農民或公司等是，二者之性质既不同，而組織與營業，亦各有區別。中國目前所急需者為農民銀行，因農民又需長期或中期之借款，故對農業銀行亦有同樣需要。兩者同時籌劃為最上之策。如政府與人民之力量不足，則不可不分別緩急，優先籌辦農民銀行。然中國目前之農民，實在急須長期或中期之貸款，故農民銀行亦不能不變通辦法，兼顧各方之需要，稱農村銀行。至于組織方式，約分兩種：(一)由各地信用合作社聯合組織，稱上行組織。(二)由政府或其他團體設立而放款於信用合作社，稱下行組織。大概而論，農民銀行多取上行組織，農業銀行多取下行組織。中國既辦此種金融機關農村銀行，當取上行組織為宜。但以中國農民經濟之窘迫，知識程度之幼稚，合作精神之缺乏，欲其運用合作方法，将其馀之金钱以济贫乏者之需要，实在不易，故不得不采下列组织，由政府或其他团体设之农村银行以救济目前之需要，同时银行之资金，可由政府指拨之款充用。

农村银行之放款，最主要者为(一)贷与农民所组织之合作社。(二)贷与农民购买耕地之大宗款项。

就第(一)点而言，现在之农村信用合作社，均感资金短绌，以致不能提高放款之数，同时不能延长放款偿还之期限，因此农民经济仍难改善。使农村银行将大宗款项贷与合作社，则合作社对于上述困难自可迎刃而解也。此外他种合作社，如生产合作社，消费合作社等，若须大宗款项者，亦得向农村银行借贷，不致为资金所限不能發展農業，就第(二)點而言，中國農民現多無能力，借貸耕地者，而政府又不能用收買之法指撥耕地與農民，欲實現耕者有其田之目的，須举行地產長期貸款，以便取得耕地，我國之農民多無資產，除以信用保證，向農村銀行举行土地長期貸款外，恐無他途，故農村銀行放款，應以地產長期貸款為主，然後貧農始得實惠，即以丹麦為例，更可證明此法之可行，及有急速施行之必要，丹麦自耕農之創設，大部由政府幫助，就地價一項而言，有百分之二十五由政府支付，丹麦之所以世界一等自耕農國，非無因也。

（完）

參考書目錄

(一) 千家駒 李紫翔：中國鄉村建設批評

(二) 黃著溪：農村金融流通之設施

(三) 姚公振：中國戰後農業金融政策

(四) 汪福泉 田中忠夫著：中國農業經濟研究

(五) 左棣著：中國農村經濟問題

(六) 李錫周：中國農村經濟實況

(七) 田中忠夫著：中國農業經濟資料

(八) 國立中山大學：鄉村服務實驗區報告書（一、二）

(九) 農林局：鄉村服務·農業改良試驗區之過去及將來

(十) 行政院農村復興委員會之湖南省農村調查

(十一) 行政院農村復興委員會之陝西省農村調查

(十二) 農業推廣部：南昌全省農村調查報告

(十三) 董成勳：中國農村復興問題

(十四) 楊幼炯：中国農村問題

(十五) 國立廣東大學農科學院：(中國農村問題)廣東農業概況調查報告書

(十六) 湯紫菌、劉端生：南陽農村社会調查報告

(十七) 楊開道：農村調查

(十八) 言心哲：農村家庭調查

(十九) Edwin R. A. Seligman: Economics of farm relief

(二十) Schultz: Food for the World

(廿一) 〃 : Redirecting farm policy

(廿二) Tawney: Land and labour in China

（出自岭南大学学位论文，一九四九年）

香山古鎮農村狀況

蔡享述　郭華秀記

位置　古鎮村屬香山縣。離香山城西北七十里。東有第一沙口。西爲新會外海。南界第六沙。北隣曹步。

地勢　古鎮地勢平坦。西北有大海。與新會外海隔岸遙對。其餘陸地。盡屬桑田。間有小河。村尾及村中。有山二座。地勢甚高。無水浸之處。近海之田。則有大圍與高䃁以防水患。

山嶺　該村有山二。一曰南巫山。在村中部。二曰大岡山。在村尾。此二山不甚大。但大岡山較大於南巫山。山上多榕樹及竻竹之類。

戶口　該村人口男女共有一萬五六千人。以姓蘇爲多。其次姓蔡。又共次姓林。再次姓區、姓鄧。以此五姓爲大。其餘陳李黃諸雜姓甚多。

面積　該村田地面積甚廣。。高築基圍。。成一圓週。。縱橫約四里許。。

土質　該村土質概屬冲積肥沃黏土。。甚輕鬆。。無別種坭土。。

交通　每日有桅船。。來往江門載運貨物。。其路程約需三點鐘之久。。頗爲利便。。至於往小欖趁市。。則多步行。。由曹步過横琴海。。九洲基。。而往。。約需一小時半之久。。亦有用小艇往來小欖者。。四時皆有潮水。。故不患水淺。。

墟市　村中有墟名曰古鎮墟。。爲古鎮。。曹步。。海洲三村人貿易之區。。逢三六九爲墟期。。多沽鹹魚瓜菜。。間有鷄鴨。。其他物亦甚多。。

舖戶　店舖有一百五六十間。。多沽米食。。牛麵。。烟骨。。蘇杭。。藥料等物。。但近蠶桑造時。。生意頗旺。。

桑市　桑市有四間。。專沽桑葉。。當蠶造時。。甚爲鬧熱。。無蠶時。。則收市無別貨可沽。。

蠶種市　沽蠶種者。。於三六九時在墟發售。。計旺月有抬四五十張之多。。

繭市　古鎮無繭市。。凡沽繭者。。多赴容奇桂洲洋關等處。。

風俗　古鎮村人於舊歷元旦日甚熱鬧。。對於新曆元旦寂寞。。逢舊曆元旦。。家家多製糖糕炒米餅等。彼此往來賀年。每三年則巡遊一次。。於

正月行之○○不甚鬧熱○○元月初六則開燈飲燈酒○○

二月開始養蠶○○一般農家甚爲忙碌○○種果除虫日無暇晷○○

三月四月亦料理養蠶事務○○此時有三月紅荔枝○○清明拜山○○族族如是○○

五月初五○○則扒龍船○○甚鬧熱○○或裹粽○○有黑葉荔支收成○○此時蠶事正忘○○

六月七月亦蠶事忙碌時候○○七月七日拜七夕○○

八月柚成熟○○中秋節甚高興○○

九月柿成熟○○此時蠶造漸少、不養○○

十月無蠶○○檸檬出市○○

十一月十二月橙桔出市○○或有留至明年二三月出市者○○年晚時○○拜灶君○○黏紅錢○○帖嫣春○○劏鷄除年○○不一而足○○

婚嫁一節○○凡議婚已訂實者○○早娶遲娶均可○○視乎其人財政如何而定之○○女子當臨嫁時開歎情○○同輩姐妹倍之○○及出門○○則乘花轎○○其嫁粧隨之而去○○妝奩費用○○視乎貧富○○惟無不落家之弊○○

殯喪之事○○則請喃巫○○師姑○○和尚等念經○○

農務事業。男界多理。桑園事務。如摘桑。培植等。女界亦有兼涉。女界在家養蠶。男女俱操作農事。

治安 古鎮地方頗太平。明火打刼等事無之。村中有更夫看守。田中有沙夫看守。嘗有魏軍駐紮。

教育 該村向未設立學校。至舊歲（民國十一年）始設學校一所。但早三年時。記者曾到此地。已見教會設有小學校一所。村有教堂二間。該村受教育者較少。大約讀書三二年者多。讀十年書者。甚少。因多貧窮。無錢不能供給。女子則無書讀矣。

生計 村人多作種桑。養蠶。種果等業。經商者少。往外洋者亦少。俱操農業。但無人種禾。每人有耕至一頃餘桑者。但以耕二三十畝居多。

農民生活 當蠶事畢時。則乾塘取魚。晚間無事。或叫盲公唱木魚。或賭博或坐談以消遣時日。

生活程度 其生活程度。較廣州畧低。猪肉每斤四毛餘。鷄每斤六毫。大頭魚每斤一毫至毫半。桑枝柴每担四毫。米與廣州市同。多由省來。

地主與佃戶　該村田地多屬于太祖。。批田無期限。。如能有租交者。。則可久耕。。每年交租一次。。在冬至前後交上期租。。

田價與田租　每畝六元至十餘元。。因地肥瘦而差異。。每沽價七八十元至一百三十元。。

種植情形　古鎮無人種禾。。俱種桑。。種果。。養蠶。。其果種於桑間。。各居其半。。種瓜菜亦少。。

畜牧　畜牧事業極少行之。。

漁業　養魚最多。。此處多桑基魚塘。。多養大頭魚。。鯪魚、鯇魚、鯉魚、扁魚。。取魚時期無定。。或一年取一次或二三年取一次。。

勞働供給　請工人作工。。由本鄉之人供充。。不必請外人為之。。摘桑每担人工五毫至八毫。。因旺月與否而定。。養蠶人工。。有歷練者十餘元至廿餘元。。東家供食。。料理果園者每日人工三四毫亦由東家供食。。

借貸　揭借銀両以田地契劵作按。。每両一分至三分息。。

農產品

桑

橙　甜橙　柳橙　酸橙

桔　冬紅桔　朱砂桔

柑　少種

柚　蜜柚　高頭桑廂　甜桑廂

檸檬　紅檸檬

荔枝　三月紅　糯米餈　大核荔　黑葉

龍眼　少種

柿　大柿　柿仔

笥竹　大頭甜竹

古鎮農產品甚少其人多種桑養蠶不暇顧及別種故無種之

（出自《农事月刊》第一卷第十号，一九二三年）

香山良都農村狀況

郭華秀

位置 艮都位居香山縣城之西南。。共有十八鄉。。如竹秀園、上塘、沙涌、恆美、渡頭、福涌、寮後、金角環、葫洲脚、龍眼樹涌、葫蘆棚、長環、板橋、新村、牙鷹埔、北台、曹邊、深灣、龍塘等。。其中附屬之村有茄兜園、屬沙涌。。新村仔、屬恆美。。并有客村甚多。。居於南台山下及龍塘附近。。

地勢 竹秀園，茄兜園、恆美、渡頭、福涌、寮後、金角環、龍眼樹涌、深灣等村、皆濱臨大海。。北台及曹邊村則有北台溪。。有潮水流入。。運輸極爲便利。。田分爲二種。。潮田、坑田是也。。深灣兼有園田。。至於屋宇則建於山邊。。或高原之地。。其餘上塘、 蘆棚、沙涌、長環、牙鷹埔、龍塘等村。。則居於山間平原陸地。。其所耕種田畝。。概屬坑田。。賴山水以灌溉。。

土質 沿海邊一帶。。俱是冲積肥沃粘土。。坑田則黑沙壤土。。該都坭土概屬肥美。。惟沿橫坑流域者。。則較瘠腴。。

墟市　該都無墟。。所有買賣貨物俱往石岐。。惟恒美有一街市。。頗鬧熱。。但以賣魚肉菜蔬者爲主。。間有布疋等。。該處頗多海鮮。。多由澳門運上。。每日有小販百餘担。。專挑菜蔬鹹魚果子餅粉布疋油醬等。。俱由石岐挑來。。甚至蕹菜、莧菜、黄瓜亦由此運來。。該都不足自供。。

交通　恒美、竹秀園、沙涌、有車艇三隻來往石岐。。其餘上塘、長環、葫蘆棚、各客人俱搭之。。至於渡頭、福涌、寮後、曹邊、北台、深灣、亦有車艇來往。。并有大涌單行火船及澳門渡等。。陸路未有車通。。但亦平坦。。

風俗　該都人民多迷信風水神權。。山墳多屬灰沙石磚。。屋内則滿室木偶。。元旦頗鬧熱。。二月初二則有土地誕。四月初八則有舞龍舞獅　五月五日端午節。。不甚鬧熱。。六月則觀音誕。。七月則有康公誕、娘媽誕。。七月十四家家裹粽殺牲拜神。。十五晚燒衣。。至於七夕自民國反正。。已漸冷淡。。中秋節多用柚、芋、田螺、月餅、粉果、以拜月光。。爆竹、火箭之聲四處皆聞。。冬至之日多殺鷄拜神。。除夕之日。。則黏對聯，紅錢、於門首。。并殺牲祭神。。晚間則而橙、桔、柚、陳列神前。。及燃油燈於門脚。。此夜幷有人沿門黏大吉利試之紅紙於門。近十年來。外洋歸客多有覺悟。知此種殊屬無益。但於習慣終不能破除。婚嫁一節。門趨奢華。幾乎非此不足榮耀。婚者、必須六七百至一千餘元。嫁者、亦須三四百至千元。殯喪之事。則甚慳廉。但必請道家超度。

前三四十年。男女共同耕作或織麻。今十年間男子出外謀生。女界間作家居。亦間有耕一二分之地。種植薯、芋、薑、菜。外洋歸客則往荔枝、欖桃園處除草、施肥。無事則在樹下舖中閒談。其中眞正農家之農婦亦與夫共同操作。或在家玩飯。

教育　近數年來。各鄉皆有國民學校。男女皆入校讀書。尤以竹秀園、恒美、沙涌、渡頭、爲發達。有男女高小國民學校多所。幷於竹秀園、恒美、沙涌、上塘之間。有基督教堂一所。甚爲宏偉。兼有歐亮學校附設于內。竹秀園村、有一月報出板。　每期有三百餘本。　分送各村及華僑。沙涌有幼穉園公園是馬應彪所建立。

生計　前廿年時。該都人士以耕種爲業。約十居七八。有耕五六畝而至三四百畝者。其餘不耕田者。俱出洋謀生。近十年來。耕種者日漸退化。僅得十之三四耳。尤以竹秀園、上塘、恒美、沙涌、渡頭、福涌、寮後一帶最少。。其餘田畝多批與外處之人。。至於出洋之人。。家家有之。。大半往美洲、澳洲、域多梨、飛枝、檀香山、南洋群島、香港、上海、等處。。前七八十年時已有人出洋焉。。

農民生活　晚間無事。。農民多玩音樂。。或談古今事情。。甚少賭博。。其賭博之人。。多屬無業無賴。。或往石岐買賣。。無特別消遣。。大約在家中相共叙談者多。。農婦亦然。。

生活程度　其生活程度與廣州市無異。。猪肉每斤四毫至四毫半。。鷄每斤六毫。。蛋每隻三仙左右。。塘魚每斤三毫。。新興二白米每石六元。。柴每百斤八毫至一元餘。。其所服之衣亦頗奢華。。夏則蔴綢、竹布、蔴皮。。冬則大成藍布、絨布、或絲髮。。中等之家。。有五六口者。。每年衣食費用等約需三四百元。。建一屋宇約佔一分之地。。亦需千四五百元。。其華麗者。。則起二分之地約三四千元。。

地主與佃戶　該都地主多屬金山客。。將出洋所得之銀購田置業。。而批與佃丁耕種。。每畝收銀若干。。以三年至六年爲期。。期滿另批。。每年例于冬至前後十日交租。移期不交。另批別人。一次交足。。俱交上年租。亦可緩交。。但須由地主允准。。若至期仍無交納。。則將田中物產開投抵租。。并革去之。。或遇風水爲災。。亦可減租。。至於据耕之弊則罕見。。蓋該都人民純厚。。無作此不正行爲。。但有鍫田之弊。。如甲耕此田尚不滿批。。而乙則用多租引誘業主而奪甲之田。。亦有批上批之法。。甲批業主之田。。復轉批于乙。。而乾得利益。。

田價與田租　該都田畝較昂。。因出洋者多。。多將所得之金買田。。而至田價日漸日昂。。以竹秀園、恒美渡頭福涌寮後一帶之田而計。。近村邊之潮田。。可作屋地者則一二千元一畝。。離村畧遠者。。則三四百元一畝。。較遠者。。亦須二百元。。至於坑田亦須百餘元。。或離村鄉太遠者。。亦須六七十元。。

近村邊之田租較高。。每畝十四元至十八元。。潮田每畝九元至十二元。。坑田每畝六元至十元。。

（未完）

（出自《农事月刊》第一卷第四号，一九二三年）

香山良都農村狀況（續）

郭華秀

種植情形　該都以種禾稻爲主。。其餘番薯、薑、芋、菜、瓜、爲副產品。。不甚注意。近年有石岐老安人、員峰人來竹秀園、恒美村。將潮田鑿作園基。。種植瓜、菜、薑、芋、薯、葛、蕉、棉花、等。。他等則以此物爲主體。。大約該都種植法。。多將村邊附近之旱田種植瓜、蔬、薯、芋。。潮田則種禾稻。。高狹之山陂則種荔枝、桃、烏欖、柿、柑果、三歛等。。其餘山岡則種松樹。。但荒蕪者亦不少。。該都以渡頭產果最多。。柿亦產于渡頭。。荔枝亦以渡頭最佳。。且渡頭有一風水林。。縱橫三里許。。古木參天。枝葉蔽日。以樟樹、松樹、榕樹、及雜樹居多。。該都之芒果、甜桃、以竹秀園東坑者爲著名。。

前三四年間。。恒美有李翰屏君。。發起種棉。。設一試驗區於上塘村邊。。因事遂絕。此乃良都種棉之先聲也。今年又有一人。在竹秀園之潮田處。種有廿餘畝。今有陳景樓君。在恆美種桑養蠶。亦良都養蠶之第一人也。該都甚多外洋菜蔬品種種植。如番茄、紅菜頭、花椰菜、生菜、椰菜、大莢荷蘭豆、荷蘭薯、洋檸檬等種植。成績均得優美結果。

冬耕　冬耕亦不發達。僅將村邊之沙壤土以種植荷蘭薯、椰菜、及其他芥菜、黃芽白而已。至於坑田亦無冬耕。

畜牧　該都無何等畜牧可言。各鄉之酒米鋪亦有養猪數十頭。將糟糠飼之。其餘各家亦間有養猪一二頭。雞十餘頭者。聞竹秀園郭華富養猪頗多。以糟猪爲主。獲利頗豐。已有七八年之久云。各農家亦有畜牛一二隻。以水牛爲多。沙涌某酒米店。亦有養白燕云。

漁業　專以養魚則無。大約多將村中池塘養以大頭魚、鯪魚、鯉魚、鯇魚、年尾則取之。每年四五月及七八月間。多於潮田涌河處撈取禾虫。亦有於夏秋雨季。决乾涌水捉取魚蝦。或用茶子麩毒死之。亦有用餌而餌田雞塘虱魚也。

農産製造　各鄉皆有蒸酒磨米。有烏欖時則製烏欖豉。餘外則無別種可言。

植牧技術　該都農業技術。。屬於平常。。至於果樹技術則極幼稚。。各種果木俱屬實生。。幷無用挾、接、駁等法。。其駁枝之荔枝秧。。亦由增城、鳳涌、運來。。畜牧之技術亦無何種可言。。聞竹秀園郭某某君。。對於牛之疾病亦能用山中草藥療治。。其他雞之疾病。。老婦亦曉醫治。。

農具　所用之農具與廣州市無異。。至於禾稻非在田中用木桶打落。。乃挑囘屋邊禾墩。。用枷板打之。。除草之鋤。。間有由外國帶返。。該鋤甚濶。。利於除草。。亦有用外國剪以剪樹枝。。其農具多由石岐買囘。。

勞働供給　該都人氏多出洋謀生。。聘工非常缺乏。。及至蒔禾割禾。。尤爲苦之。。現多請東鎮之男婦。。如庫充坑尾諸人充當。。該處之婦人多出來操作田工。。亦頗耐勞。。工值亦相宜。。對於各種農作。。亦皆嫻熟。。但多屬散工。。非長工也。。其中十餘廿餘歲之男子則作長工。。工值亦廉。。每年食東家約三四十元可矣。。

借貸　除親友外非有田地樹木股票不能揭貸。。故必用契劵作案。。大約一年期爲多。。每両每月八厘至一分息。。

良都農產品

荔枝　淮枝、桂味、糯米餈、香荔、黑葉、三月紅、白葉、落塘蒲、亞

婆娌、飛鼠荔、妃子笑、肉圓、芝麻子、大造、掛綠、犀角子、粗荔、

龍眼　石峽、烏圓、黃殼仔、米碎龍眼、

欖　立秋烏欖、早欖、大牛牯欖、白欖少、

柿　雞心柿、牛心柿、水柿、盒羅柿、楝柿、

桃　酸桃、甜桃、半酸甜桃、

梅、少種橙、柚、桔、柑、洋檸檬、萬字果、三斂、芒菓、蕉、黃皮、番荔支、木瓜、菩提子、石榴、番石榴、枇杷果、時計菓、蒲桃、波蘿、桂木、

禾稻　（上造）新興白、齊苗、夏至白、新種、絲苗糯、荔支糯、響糯、白殼糯、龍牙糯、黃梗早糯、烏足糯、赤米糯、赤米

（下造）絲苗、金風、油占、銀占、糯雞、赤米、牛虱豨糯、烏尾糯、烏米糯、黃糯、

芋　檳榔芋、紅芽芋、山猪屎芋、雞豨早芋、水芋

薯蕷　參薯、正參薯、柴巴薯、大薯、巴掌薯、血薯、糯米薯、淮山薯、

番藷　白花番藷福建藷、雞爪藷、三爪薯、白新種藷、鬼打藷、血根紅

、桑葉藷、矮苗、象皮紅、三根紅、

葛　粉葛、沙葛、

薑　密鱗薑、疎鱗薑、黃薑、

豆類　紅豆、綠豆、白眉豆、烏豆、黑皮青豆、

豆角　四月豆角、秋豆角、又有紅身青身者、

荷蘭豆　細莢荷蘭豆、大莢荷蘭豆、又有域多厘種、

鞭豆　有多種、

落花生　禾蜂腰花生、番鬼花生、珠豆、

葱　熟葱、冷葱、

旱芹　白梗旱芹、青梗旱芹、

芫茜

辣椒　大辣椒、牛角椒、甜椒、

茄　白茄、胭脂茄、花茄、

瓜　枕頭節瓜、長身節瓜、長身絲瓜、雞抱魚絲瓜、盒形番瓜、長身番瓜、長身苦瓜、雷公鑿苦瓜、白皮冬瓜、黑皮冬瓜、白瓜、水瓜、黃瓜、蒲瓜、有長身及葫蘆形、

菜

潮州芥、油芥、熱芥菜仔、大頭菜、江南正菜、耙齒蘿蔔、冬瓜白蘿蔔、平頭椰菜、蕉蕾包椰菜、條羹白菜、高脚白菜、捲包生菜、有包生菜、莧菜長圓紅葉三種、青梗甕菜、白梗甕菜、波菜、塘蒿、花椰菜、紅菜頭、金筍、番茄、韮菜、黃芽白、青梗紅梗、、竹芋、狗尾粟、粟米、荷蘭薯、棉、薄荳

（出自《农事月刊》第一卷第五号，一九二三年）

中山縣上柵鄉之狀況

梁錫基投

位置 上柵鄉。屬中山縣第六區。居縣城之南八十里。位居唐家，東岸，鷄山，官塘，北山，外壆，會同，那州，下柵墟，五豐堡（五豐堡乃谷家村之總名）之中心。

地勢 地勢爲一極平坦陸地。東臨大海。西南有平矮山脈環繞。北有長林。林外有水坑環繞。向東南而入海。

山嶺 有金鼎山橫臥於鄉之南東。南有小崗數處。西有山嶺。縱橫約數里。

面積 該鄉所屬田地約一千頃。另海面縱橫數十里。

戶口 該鄉有門戶一千六百餘家。以盧，梁，蔡，鄧四姓爲多。其中有黃姓數十家。雜姓十餘家。全鄉男女共四千餘人。

交通 該區有小輪船一艘。來往香港。以三六九日爲渡期。該鄉人由海邊用駁艇開至十餘里可達拖船而往來。陸路向西乘人力車可達澳門。北可通石岐。

墟市 離鄉南二里有下柵墟。該墟由上柵，唐家，官塘，東岸四鄉自置舖戶而成。利權由四鄉輪年分派。該墟陳列買賣。由警察收墟稅一二仙。但該四鄉人買賣。則不得收取。舖戶數十間。以上柵居多。居屋百餘間。環繞墟外。街六七條。逢一四七日為墟期。墟中陳列買賣。極有次序。如瓜菜行，鮮魚行，猪仔行，雞鴨行，買牛地等。舖店對門。相離約四丈。擺買布匹生菓等類。每逢墟期買賣。猪仔百餘隻。大猪數十只。雞百餘只。瓜菜數百餘担。鴨極少。逢七月及十一月有數百隻。穀類逢收割時有百餘担。多為米店收去。墟中有福音堂壹間金山書院壹座。內容區署保衛團局，通谿人力車公司，贊育善會等。

土質 多黏土。沙壤土亦有。以近鄉之東南為最肥美。因全鄉溝渠水遇雨而流入田中。山坑田則極瘠瘦。

種植情形 田多種禾。山坑田遇有水則耕之。否則棄置。稍高之舊園地。俱沙壤土。惟不便灌溉。故多棄置之。亦因鄉人不知種植之利與改良灌溉也。另有空餘地段不知凡幾。農人之種蕉者十餘家。每人約種壹二畝○○其蔗之甘甜與香港，省城，石岐等處所產者○○較甜壹二倍○○惟密節皮肉稍堅耳○○又六年前有梁某由金山返鄉○○開墾舊園地壹叚約四十八畝○○親自往省城花地買菓秧栽種○○現有甜桃四百餘株，龍眼百餘株，番石榴三百餘株○○此外有蕉及雜菓些少○○餘地多種薯，芋，金瓜等物○○又兩地相離約丈餘二丈地○○可種荳類及菜類者○○亦未有種植○○又金鼎山與官塘鄉各佔其半○○以山頂爲界○○俱種山松○○前三年民團在山脚植山松百餘畝○○今年二月又向近西便種山松數百畝○○

水利

該鄉有大坑壹○○源發北便大山○○向該鄉北方橫流於東南而入海○○禾田得坑水灌溉○○若天旱至三個月久○○則不足灌溉之需○○祇候天雨而已○○

火災

該鄉山嶺○○每至冬間芒草枯乾○○輒被看牛兒童焚燒○○或過路人遺棄殘煙○○常致焚死山松不知凡幾○○該鄉亦有新式水車一輛○○以防火災之需○○

治安

該鄉十年以上曾被劫擄人次○○十年來上堡設民團○○下堡設義勇○○

合共约二百名。年尾时则派民团义勇在村口看守。各守界限。五月时或县长到时。两方赛操。故数年来操法及射击等。极为整齐。

教育　前清时卢墨林君在县长禀准设立高小国民学校一所。卢君逝世后。梁君伯祥当充校长。办理极为完善。现有男女生共约二百五十名。私塾数十名。该校亦设平民夜学。学费书纸笔墨等俱免收。以穷民读者为多。

生计　乡人半为耕田。半往外洋经商。每人耕田以十亩八亩者为多。亦有耕百余亩者。耕种暇时多担盐往本邑谷镇发卖。每日约百余担。而往外洋经商者凡百数十家。

乡民生活　前清时多习技击。十岁以上者必识技击术。近民国来赌博盛行。故多趋之。技击一门。遂鲜有学习。

物价　略与广州同。猪肉每斤五毫。牛肉五毫。鸡七毫半。鸡蛋每只四十五文。上等海鱼每斤四毫。亦有七毫至九毫者。芒草每担八百文。至贵千二百文。松柴杂柴每担一元。上白丝苗米每元一斗五升。男女所服之衣。。昔日多粗布。。近來中等者夏用洋竹紗。。冬用絨。。亦有用秋絨爲常服者。。建壹屋約二井地者。。需七百元至千餘元。。

冬耕

晚造收割後。。任田拋荒。。其中亦有種蔬菜壹二畦以供餐膳。。亦有種椰菜馬鈴薯壹畝左右以求利者。。并無煙、麥、番茄等栽植。。

畜牧

該鄉無大羣畜牲養牧。。大約三人有猪母壹隻。。或肉猪二三隻。。鷄約十隻。。百份之四養牛多屬水牛。。有鴨寮一間。。由鄉中投出。。建於坑邊。。三月時起養。。至六月割禾時放於田中覓食穀實及田螺魚蛤等物。。至七月盡售之。。八月時復養。。十壹月復放於田中覓食。。適度時以壹半供冬節用。。壹半用以晒臘鴨。。每歲約養四千隻。。至於鵝羊絕無人養育之。。

漁業

有大塘五口。。多養大頭魚、鯇、鯉、鰱、鯿、烏頭魚等。。又昔年祇有魚網壹架設於涌口。。舊年時增多大魚網七架。。又於海水退時。。張網堵塞主。。網長約十里以阻魚隨水退出大海。。有捉魚至數百担不等。。但架網者仍在鄉中投票以價高者得。。投價每年數百元。。

地主與佃戶　凡田地收割所得。主佃各半。或有欠收。則向業主減租。租期以三年爲限。期滿另批別人。每年例於冬至前後十日交銀。限壹次交足。如過期另批別人。

田價與田租　該鄉邊之肥田。每畝沽價二百五六十元。瘠田每畝百元左右。禾田租價。上者每畝二十二元。下者七八元。

勞働供給　平日所用之工人。俱由本鄉僱來。供午餐壹次。每日工銀四毫。若過蒔禾及割禾時食東主飯餐者。每日六毫工值。若長工每年則三十元至四十元。亦食東家飯餐。

借貸　揭借銀両以田契或金珠玉石等物作按。每両每月通行二分息。若揭借數元。多以三分六厘息計。甚至有壹毫算者。

用墾鹽水田并築基壆之商議

該鄉。有海坦橫數十里。遠望坦平如鏡。其中野生鹹水草及蘆荻等。不知佔若干畝。惟歷年拋棄。臨景生悲。自昔迄今。籌築計畫。終未成效。今盧君仲雲等。正在商議建築。蓋事體如何。仍未知悉。惟甚望早日建築成功。增多農產品物。免拋棄而坐失利權。建築後有八大利益。茲錄如左。

（壹）建築後每年增多穀米不下萬數千石禾桿不下數萬担。

（二）將圍壆栽植菓樹。增多菓類之收入。

（三）竇口水涌。可產多量魚蝦蟹螺等物。

（四）圍壆外可架大魚網。使鄉民得營漁利業。

（五）往來香港等處。不用將船推坦。在圍壆可拍船隻。如碼頭壹般。

（六）有圍田必有護沙軍隊。凡往來石岐等處。必沿海岸直上。可以保護行人。又該海乃盜賊出入之咽喉。可以斷絕盜賊之出入。

（七）圍田可容工人千數百名。使鄉民多得職業。

（八）該鄉海旁已多植風水樹木。以阻海風之吹入。若開墾築堤後圍壆樹木。可多重障禦海風。

（出自《农事月刊》第三卷第十二号，一九二五年）

東莞縣第一區周家村農家經濟調查

一、人口

周家村屬東莞縣第一區，全村分爲聚秀，清和，八角亭，上圍，下圍，東徑，高橋上，高橋下，其圍，沙涌，祠後，界綱等十二坊，共有三六〇戶，現住人口一六八五人，他住人口九〇八人。

表一　現住人口

坊別	戶數	人數			百分比
		男	女	合計	
聚秀	四九	九五	一一五	二一〇	一二·%〇
清和	四四	一〇〇	一二七	二二七	一三·五
八角亭	二一	五四	六九	一二三	七·五
上圍	二五	七九	七九	一五八	九·〇

下園	七〇	一四六	一七〇	三一三	一八·五
東徑	二七	六〇	五七	一一七	七·〇
高橋上	四六	一〇〇	九二	一九二	一一·〇
高橋下	四三	八六	八九	一七五	一〇·〇
其園	一	一一	一二	二三	一·四
沙浦	七	二一	一七	三八	二·二
祠後	一六	二七	三六	六三	四·七
署網	一一	二一	二五	四六	二·七
合計	三六〇	七九七	八八八	一六八五	一〇〇·〇

表二　他往人口

性別＼他往地	本縣各地	本省各縣市	本國各省市	香港澳門	日本東京	南洋	南美洲	合計
男	三五	九	二	一一	一	一三	二	七三
女	一〇	二	一	二	〇	二	〇	一七
合計	四五	一一	三	一三	一	一五	二	九〇

表三　居民年齡

年齡分級＼坊別	聚秀	清和	八角亭	上園	下園	東徑	高橋上	高橋下	其閣	沙涌	祠後	野綱	合計
一—一〇	四七	六一	二三	四八	七七	二七	三九	四五	五	一二	二二	一〇	四一六
一一—二〇	五六	五二	三七	三一	五九	三〇	四五	四六	九	七	一四	一一	三九七
二一—三〇	三〇	二四	二〇	二一	五二	一四	四〇	一九	四	五	一三	九	二五一

三一—四〇	二六	二六	一四	一六	三六	一三	二四	二三	四	四	九	五	二〇〇
四一—五〇	二六	二三	一三	一七	三七	一三	二二	二三	〇	六	三	三	一八六
五一—六〇	一四	二三	一一	一一	三四	一〇	一四	一一	一	一	七	四	一四〇
六一—七〇	九	一六	四	八	六	七	五	七	〇	一	四	四	七一
七一以上	三	三	一	六	二	三	三	一	〇	二	一	〇	三五
合計	二一〇	二二七	一二三	一五八	三一三	一一七	一九二	一七五	二三	三八	六三	四六	一六八五

表四　居民職業

職業別	戶數	人數			戶數百分比	人數百分比
		男	女	合計		
自耕農	三一	二八	五三	八一	九	八
自耕兼佃農	六二	八二	九六	一七八	一八	一七

佃農	一七六	二二六	二六五	四九一	四九	四七、五
商販	五二	八二	一〇五	一八七	一四	一八
做工	一五	一五	二四	三九	四	四
其他	二四	二四	三三	五七	六	五、五
合計	三六〇	四五七	五七六	一〇三三	一〇〇	一〇〇

（三六〇戶中有副業或兼業者一四六戶無副業或兼業者二一四戶）

表五　識字人數

類別	男	女	合計	佔現在人口百分率
識字者	三三三	六八	四〇一	二三、八%
不識字者	四六四	八二〇	一二八四	七六、二

表六　勞動人數　（十五歲以上六十歲以下者）

類別	男	女	合計	佔現在人口百分率
勞動可能者	四五七	五七六	一〇三三	六一、三%
勞動不可能者	三四〇	三一二	六五二	三八、七

二、耕地及耕種情形

全村共有耕地五七四畝其中地主自耕者三〇九、二畝出租與他人者二六四、八畝。

表七　全村所有耕地面積

類別		自耕	出租	合計	百分比
水田		一四一、四畝	一八五、八畝	三二七、二畝	五七%
旱田	灌溉田	五三、四	六五、七	一一九、一	二一
	不灌溉田	一〇三、四	二、〇	一〇五、四	一八

園地	七、〇	九、三	一六、三	三
魚塘	四、〇	二、〇	六、〇	一
合計	三〇九、二	二六四、八	五七四、〇	一〇〇

全村雖僅有耕地五七四畝然村民所經營田畝之面積實爲一七七四、一畝蓋除自耕者三〇九、二畝外租借耕者尚有一四六四、九畝

表八 經營田畝面積

類別		自耕	借耕	合計	百分比
水田		一四一、四畝	七八五、〇畝	九二六、四畝	五二、〇%
旱田	灌溉田	五三、四	二七二、三	三二五、七	一八、〇
	不灌溉田	一〇三、四	三八六、八	四九〇、二	二八、〇

園地	七、〇	二〇、八	二七、八	一、六
魚塘	四、〇	〇	四、〇	〇、四
合計	三〇九、二	一四六四、九	一七七四、九	一〇〇、〇

上項借耕之田，有爲借太公田者，有爲借自本鄉地主或別鄉地主者。

表九　租借耕地面積

類別＼所有者		太公	在鄉地主	不在鄉地主	別鄉地主	合計	百分比
水田		一五八、〇畝	四二九、〇畝	一五二、二畝	四五、八畝	七八五、〇畝	五三、六%
旱田	灌溉田	六七、〇	一四一、六	四二、五	二一、三	二七二、三	一八、五
	不灌溉田	一四〇、八	二〇二、〇	二七、〇	一七、〇	三八六、八	二六、四
園地		一九、五	一、三	〇	〇	二〇、八	一、五

合計	三八五、二	七七三、九	三二一、七	八四、〇	一四六四、九	一〇〇、〇
百分比	二六、三%	五三、〇	一五、〇	五、七	一〇〇、〇	

該村耕地有低田高田之分，而作期又有春作夏作冬作之別，茲將是項耕地利用情形列表如下

表一〇　耕地利用情形（以選擇調查表為根據）

耕地／作期／作物	低田		高田				
	水稻	休閒地	水稻	花生	甘蔗	其他	休閒地
春作	三六一、九畝	八、七畝	九八、〇畝	七八、八畝	五一、一畝	七、六畝	五八、〇畝
夏作	三七〇、六	〇	九八、〇	三五、五	八九、三	一〇、六	五〇、九
冬作	三、五	三五五、六	〇		二五、〇	一二、九	二四三、四

農作物中以水稻為最重要，次為甘蔗、花生、餘則均屬少數茲將其所佔耕面積列表如下

表一一 全村農作物耕種地面積

種類		面積	百分比	種類	面積	百分比
水稻	早造	一、二四〇、八畝	三九、〇%	麻類	三、八畝	〇、一%
	晚造	一二五四、六	三九、五	菸葉	一〇、〇	〇、三
甘		三三三、七	一〇、五	蔬菜	二九、九	一、〇
芋頭		一四、〇	〇、四	果樹	一七、五	〇、六
花生		二五九、四	八、〇	麥類	六、〇	〇、二
豆類		七、四	〇、三	合計	三一七七、一	一〇〇、〇

表一[illegible] 水稻所佔耕地及其平均收穫量

時期	品種	面積	平均每畝收穫量
早造	羅粘	四〇九・九畝	二・九二担
	六十日早	二二三・四	二・七〇
	珍珠早	四五七・五	二・九六
	綠粘	一五〇・〇	二・八六
晚造	白皮粘	八二九・四	三・〇八
	黃皮粘	三八・〇	三・〇六
	高脚粘	二七二・七	三・〇〇
	青眉	一一九・八	三・六〇

稻	粘仔	七五•四	二•八四
	金風	一七•一	三•二六
	糯穀	四•二	二•五〇

表二三　其他作物所佔耕地及其平均收穫量

類別	面積	平均每畝收穫量
甘藷	三三•七畝	三•三担
芋頭	一四•〇	四•二〇
花生	二五九•四	二•二〇
豆類	七•四	〇•三三
蔬類	三•八	一•九七

蕃薯	蔬菜	果樹	麥類
一〇・〇	二八・九	一七・五	六・〇
三・〇〇	五・七〇	三・五〇	二・〇〇

表一四 耕作勞動狀況

造別	項別 數	秧地	耕耘	灌溉
早造水稻	自家	三八九工	一〇〇一	一七六五
	僱入	四工	一八	九
	合計	三九三工	一〇一九	一七七四
晚造水稻	自家	三九二工	一〇〇二	二三五一
	僱入	四工	一八	九
	合計	三九六工	一〇二〇	二三六〇

	除草	插秧	收穫	搬運	其他	合計	平均
	二一二〇	五七二	九二二	三七九	一九六	六二三四	約七九二
	一九	二九八	三〇五	一〇	〇	六六六三	約八三
	二二九	八七〇	一三二七	三八九	一九六	六九九七	約八七五
	二一〇四	六三三	九三二	三七六	二〇一	六八九〇	約八六一
	一九	二三〇	三〇〇	一六	〇	五九六	約七五
	一一三	八六二	一三三二	三九二	二〇一	七四八六	約九三五

表一五　全村傭工被傭工統計

工別		坊別 龔秀
長工	傭工	五
	被傭工	三
短工	傭工	五二八
	被傭工	一九〇七

清和	三	○	四○九	四三一
八角亭	二	一	六五	一七二
上圍	一	○	二五	六八
下圍	六	四	四七○	三一一
東徑	四	○	三二五	一九七
高橋上	一二	○	六八五	三六○○
高橋下	五	一	三九二	四一六○
其圍	四	○	八七○	○
沙涌	二	○	一二	一七○
祠後	○	○	二八五	一八○

晉綱	合計
○	四四
○	九
一一三	四二七九
二○五	一四二二○

表一六　耕地施肥形態

作物	作期		基肥平均每畝	追肥平均每畝
水稻	低田	早造	四·四担	四·一
		晚造	四·三担	四·四
	高田	早造	三·九担	四·一
		晚造	四·一担	四九九
甘藷	早造		三·七担	三·三
	晚造		三·五担	三·一
	冬作		五·○担	五·四
花生	早造		三·六担	三·○
	晚造		五·○担	三·八
其他			五·四五担	四·一五

該村農民除從事田間工作外，亦多營農家副業，如家禽家畜之飼養者是，茲將全村所有牲畜數目列表如下：

表一七 全村所有家畜家禽統計

坊別＼類別	水牛	黃牛	水牛犢	黃牛犢	豬	雞	鴨	鵝
聚秀	四	四	〇	一	五〇	一三二	七九	四
清和	二	四	一	一	四二	一二一	三九	〇
八角亭	四	一	一	〇	三八	一〇六	一八	〇
上園	〇	〇	一	〇	二〇	一一三	三四	〇
下園	一〇	二	二	二	六六	二五九	一七一	〇
東堰	六	三	四	〇	二一	一七二	四一	〇
高橋上	一二	〇	二	〇	三五	二〇四	一〇八	〇
高橋下	八	〇	一	〇	二七	一五六	一二一	〇
其園	二	一	〇	〇	〇	一五〇	〇	〇
沙涌	二	二	一	一	四	三六	三〇	〇
祠後	三	一	二	一	二五	六六	六五	三
箸綱	四	〇	一	〇	九	四八	二五	〇
合計	五六	一八	一六	六	三二七	一五六三	七三一	七

三、農業生產及其他收入

表一八　收穫物分配狀況

收穫物＼分配	收穫量	銷售量	小作料	自給量
早稻	三六七一・四担	〇	一六九九・七担	一九七二・二五担
晚稻	三九三六・五八	四・〇	一七二一・〇	二二一一・一五
甘蔗	一〇二二・九	一一一・一	〇	九一一・八〇
芋頭	三六・〇	一〇・五	〇	二五・八〇
花生	五二四・二五	三五三・三五	〇	一七七・三〇
豆粕	三・一五	〇	〇	三・一五
蔬類	九・七	四・〇	〇	五・七〇

葵葉	三〇・〇	三〇・〇	〇	〇
蔬菜	二六五・八	一一九・四	〇	一四六・四
果樹	六〇・五	四四・六	〇	一五・九

表一九 農業收入(農產品銷售所得)

物品	担數	價值(小洋計)	百分比
晚稻	四・〇担	一二〇〇元	〇・八五%
甘	一一一・一〇	一一九〇六	八・〇四
芋頭	一〇・五	一五四〇	一・一〇
花生	三五三・三五	八三八六九	五九・五〇
雜類	四・〇	一三二八	〇・九五

菸葉	三〇・〇	二一〇〇〇	一五・〇〇
蔬菜	一二九・四	一五一七〇	一一・〇〇
果實	四四・六	四六〇九	三・二〇
合計	六七六・九五	一四〇・五九二	一〇〇・〇

表二〇　副業兼業勞工等收入

（以選擇調查表爲根據）

類別	戶數	全年收入（小洋計）
畜收	五三	九九八二九元
商販	七	一五、五六〇
醫生及其他	七	五、六四〇
田工苦力等	四二	二四、四九九
合計	一〇九	一四五、五二八
平均	每戶	一、三三五

表二一　僑滙收入

滙款地	收款戶數	全年收款（小洋計）	備考
東莞各地	一四	九、九四六	
廣州南雄	三	一、四〇〇	
香港澳門	六	八、四〇〇	
日本東京	一	二二	原爲港幣五十五元港幣照行情一元換毫四元一換大洋一圓票十一元換大洋一大洋元一元換小洋一元四角仲算約如上數

南洋	一〇	三、五九〇	另波幣五〇元
南美洲	二	一〇〇	另美金二〇元
合計	三六	二三、六四八	波幣美金行情未明暫除外不計

表二二　收入彙計

項別	金額（小洋計）	備考
農業收入	一四〇、五九二元	
副業兼業 勞工等收入	一九四、九一〇	表一〇係以選擇調查表為根據、所列四五、五二八元不能認為全村之統計查該村營副業一兼業或兼作勞工者實有一四六戶今以每戶平均收入數（即一三三五）乘之其總數如上
僑滙收入	二三、六四八	
合計	三五九、一五〇	

四、生活費及其他支出

表二三　糧食米（、藷）消費

項別	戶數	全年消費量	平均每戶
米	六九	一、六七二、七担	二四、二四担
甘藷	二四	四七二、七	一九、七〇

表二四　糧食（米、藷）購費

項別	戶數	全年購入量	價格 每担	價格 合計
米	五八	五七五、八担	（小洋計）四二〇	二四一、八三六元
甘	二四	九八、〇	一〇七	一〇、四八六

表二五　魚肉蔬菜購費

項別	戶數	全年購入量	價格 每担	價格 合計
魚	六三	四二、九	（小洋計）一六〇	六八六四元

肉	六〇	九、八九	二五〇	二四七二
蔬菜	四六	三六九、七	一二七	四六九五二

表二六 其他一切生活費

項別	細目	戶數	全年所費（小洋計）	合計
調味用費	醬油	五九	八三一六	九〇、五一三
	鹽	六九	一八五〇〇	
	糖	五八	二三九二九	
	油	六七	四〇七六八	
嗜好費	酒	一一	一、〇六二	二三、八七六
	煙草	二八	二二、六一四	
	茶	六	二〇〇	
衣服費	布	二四	一八、二一四	四六、〇九四
	衣服	三九	二五、四九七	
	鞋襪	二七	二、三六三	
光熱費	火油	二四	六、四八七	一一、三三四
	[illegible]	[illegible]	一二八	
	[illegible]	二	五[illegible]	
	薪炭	六	一六七	
屋租雜器費	屋租	七	一八三	一二、四六九
	雜器購置	三〇	一二二八六	
衛生費	醫療	一九	六九三〇	一二、九八五
	藥品	二七	（六〇五五	
教育費	學費	一三	一二三三	二、六六四
	學校用品	一七	一四三一	
宗教費	祭祀	四二	六六五六	一九、六一四
	金銀元寶	六二	六二〇三	
	香燭	六四	六七五五	
其他	交際費	二	一二八〇	一、五八〇
	娛樂費	一	三〇〇	

表二七　農業經營費

項別	戶數	全年所費（小洋計）	備考
傭備工資	一九	七、一八六元	
耕牛租金	一七	七、六八〇	原小洋二六一〇元穀一六担九照穀價每担三〇〇元伸算合計如上
肥料購費	六九	九二、〇四九	
農具購費	四三	七、八七二	
種子購費	一一	二、七一〇	
賦稅	六〇	一七、五五九	原小洋一一〇七一九元穀二二担八照穀價每担三〇〇元伸算合計如上
田租	六八	三九七、九〇八	原小洋六一二〇元穀一三〇担二花生六担照穀價每担三〇〇元花生每担二三八元伸算合計如上
借款利息	五	七七〇	
合計		五三三、七三四	

表二八　支出彙計

項別	金額（小洋計）
糧食購費	二五二、三三三
魚肉蔬菜購費	五六、二八八
其他一切生活費	二一一、一二九
農業經營費	五三三、七三四
合計	五三三、七三四

（以上表二三至表二八約以農家七十戶選擇調查表爲根據）

五、結論

以上關於收入表二二所列之三五九、一五〇元係全村之統計，然關於支出表二八所列之一、〇五三、四七三元却僅爲選擇調査七十戶之統計(註)故該村出入相差之實數，無從確知，然僅此七十戶之支出統計而其數字幾已兩倍於全村之收入統計，則該村每年出超額之大亦可想而知矣。

(註)本文所根據之周家村經濟調査材料，有爲全村調査者，有爲村中七十戶選擇調査者，凡爲全村調査原表所付缺如者，不得不用選擇調査材料以補充之，故不免發生上述情形，照理論，以七十戶之平均數，乘全村戶數(三六〇戶)而估計全村數字，似無不可，然實際上有時不免失之武斷，故全村支出確數既無法計出，亦不欲以武斷之估計數字代替之，蓋寧缺毋濫也。

（出自《经济月报》第一卷第一期，一九四三年）